中小企業経営者こそ

収益不動産に投資しなさい

会社と個人で 安定収益確保 節税
事業承継・相続対策 を実現する

大和財託株式会社
代表取締役 CEO

藤原正明 著

ダイヤモンド社

はじめに

　この本を手に取った方は、全国で約360万社に上る中小企業（零細企業も含む）のオーナー経営者のおひとりだと思います。

　日本の企業数の99.7％を占める中小企業は、常用雇用者（いわゆる正社員）の7割以上に当たる約3,136万人を雇っており、わが国にとって大切な"雇用の受け皿"となっています。

　日本経済の屋台骨や国民の生活は、中小企業を経営される皆さんが支えているといっても、決して言い過ぎではありません。

　ところが、残念なことに、わが国の中小企業の約7割は"赤字経営"に悩まされています。

　地方の商店街では、かつては人で賑わった通り沿いの店が次々とシャッターを下ろし、さながらゴーストタウンのように静まり返っている街が少なくありません。それもそのはずです。商店街の向こう三軒両隣（計6軒）のうち、7割に当たる4軒以上は赤字経営なのですから。

　商店街だけではありません。高度経済成長期から日本の"ものづくり"を支えてきた町工場や、ゼネコン等の下請けとして住宅やビル、道路などを建設し、豊かな国土づくりの一翼を担ってきた地元の工務店、建設会社も、その約7割は青息吐息の経営を余儀なくされています。

　皆さまの会社だけでなく、隣の会社も、その隣の会社も、同じように日々の資金繰りや借金の返済に苦しんでいるのです。

　なぜ、こうなってしまったのでしょうか？

　最大の原因は、1990年代のバブル崩壊以降、「失われた30年」と呼ばれる超長期の景気低迷に陥り、日本経済が活力を失ってしまっていることです。

　安倍晋三内閣によるアベノミクスによって、ようやく20年近く続いたデフレは脱却しつつあるものの、まだ日本経済に力強さはありません。

むしろ、ここ数年物価がやや上がっているのは、消費が盛り上がってきたというよりは、深刻な人手不足によって企業の固定費が上がり、価格に転嫁せざるを得なくなったという、やむにやまれぬ事情からだと思われます。

　日本経済が超長期にわたって低迷し続けている背景には、社会構造上の大きな問題があります。
　それは、急速に進む「少子・高齢化」と、それに伴う「人口減少」です。
　日本の生産年齢人口は1995年にピークを打ち、総人口も2008年の1億2,808万人をピークとして減少に転じています。
　近年、人手不足が深刻化しているのは、そもそも働き盛り世代の人数が大きく減っていることが原因なのです。
　企業を経営する方は、実際に「働いてくれる人が見つからない」「どんなに条件をよくしても、人を雇えない」といったことを日々、痛感しておられることでしょう。

　人口が減れば、おのずとモノやサービスの需要も縮みます。
　国内だけでは売り上げの伸びが見込めなくなった大企業は、海外事業の拡大に軸足を移す一方、万一に備え、稼いだ利益の多くを内部留保するようになります。成長のための投資は滞り、社員に支払う給与も抑え込まれます。
　その結果、日本経済全体の成長が伸び悩み、消費の冷え込みによって低迷に拍車が掛かってしまうのです。
　大企業が利益の確保に腐心すれば、当然ながら、そのしわ寄せは取引先の中小企業にも及びます。無慈悲とも言えるような値引きを再三再四にわたって要求され、「まったく利益が上がらなくなった」と途方に暮れておられる製造業、建設業などの経営者もいらっしゃることでしょう。
　一方で、需要の縮小とともにモノやサービスが売れなくなれば、中小・零細の小売・サービス業者は、否が応でも大資本との苛烈な価格競争に巻き込まれてしまいます。
　ただでさえ利幅が薄くなっているのに、追い打ちをかけるように「消費税

率10％」への増税や、「キャッシュレス決済」への対応による手数料払いの増加など、利益を吹き飛ばすような政策が次々と導入され、中小企業の経営をますます苦しめているのが実情です。

　人が減り、需要が縮むことは、抗いようのない社会構造上の大きな変化ですから、個々の企業努力だけでは対処の限界があります。中小企業の約7割が赤字に陥ってしまうのも無理はありません。

　また、「人口減少」による経営環境の悪化とともに、近年、中小企業の経営を脅かしているのが、「グローバル化」と「デジタル化」の波です。

　GAFA（グーグル、アマゾン、フェイスブック、アップルの略）に代表される巨大IT企業群が、圧倒的な技術力と資本力を武器に、世界のありとあらゆる市場を自分たちの製品やサービスで席けんしようとしており、その影響は、すでに日本にもかなり及んでいます。

　欧米のみならず、中国でもアリババやファーウェイといった巨大IT企業が台頭しており、中国製スマートフォンやタクシーの配車サービスなど、中国IT企業による製品・サービスは、すでに日本でも浸透し始めています。

　こうした「グローバル化」「デジタル化」の波が日本の中小企業の市場を襲い、今後ますます激しい競争に巻き込まれるようになることは間違いありません。

　新たな脅威に立ち向かっていくためには、自らもビジネスの「デジタル化」を推進し、生き残りや反転攻勢をかける必要があります。しかし、残念ながら日本では、大企業ですら海外企業に比べてデジタル化が遅れており、ましてや中小企業では、とても太刀打ちできないのが実情です。

　以上のように、日本の中小企業は「少子・高齢化」「人口減少」「グローバル化」「デジタル化」といういくつもの波にさらされ、どんなに頑張っても、赤字経営を抜け出せるどころか、廃業や経営破たんに陥りかねない環境に追い込まれています。

　一代でビジネスを築き上げた創業オーナーや、先代から引き継いだ家業を

しっかり守り抜きたいと思っている2代目、3代目のオーナー経営者にとっては、何とも厳しい状況です。

「社員の雇用を守るためにも、何とか会社を存続させたい」と思っておられるオーナー経営者も多いことでしょう。

自らの手掛けるビジネスが、雇用を生み、地元社会への貢献に結び付いていることに自負を持っておられると思いますし、長年働いてくれている社員の方々を路頭に迷わせたくないという思いも強いはずです。

わたしも中小企業経営者のひとりですので、その気持ちはよくわかります。

正社員雇用の約7割の"受け皿"となっている中小企業の廃業や破たんが進むと、日本の社会そのものがすさんでしまう恐れもあります。

その意味でも、日本の中小企業のオーナー経営者の皆さまには、何とか頑張って苦境を乗り越えていただきたいと願っています。

そこで、オーナー経営者にぜひ考えていただきたいのが、本書で解説する「収益不動産活用戦略」なのです。

わたしが経営する大和財託（本社：大阪）は、オーナー経営者に1棟収益不動産を活用することを提案し、その運用計画づくりや実際の運用をサポートすることで、これまでに多くの方々の悩みを解決してきました。

収益不動産の活用には、オーナー経営者にとって、以下の3つの大きなメリットがあります。

①**本業以外の安定収益が確保できる**
②**経営する会社、オーナー個人（家族を含む）に節税効果をもたらす**
③**自社株評価を下げ、スムーズな事業承継を実現する**

このうち、①の「安定収益確保」については、ここまで述べてきた「少子・高齢化」「人口減少」や「グローバル化」「デジタル化」という経営環境の劇的な変化の中で、先細りや赤字に苦しんでいる本業のほかに、より安定的な収益が確保できる点が大きなメリットだと言えます。

　オーナー経営者の中には、環境の変化に合わせて、既存の事業を捨て、まったく新しいビジネスに取り組もうとする方もいらっしゃいますが、成功するかどうかはわかりません。

　その点、収益不動産を保有して毎月家賃収入を得る賃貸事業は、立地や物件の選定さえ間違えなければ、収益の安定化に大きく寄与します。

　毎月安定的にフリーキャッシュが入ってくれば、資金繰りに悩むことも少なくなるので、本業により力を注ぐこともできるでしょう。

　安定収益の確保に加え、本業のてこ入れによって、会社を存続させることが可能となり、大事な雇用も守れるわけです。

　②の「節税」も、多くのオーナー経営者にとって大きな悩みです。

　安倍内閣は、日本の国際競争力強化の一環として、法人税等の減税を推し進めていますが、その一方で、個人の所得税や住民税、相続税などについては、富裕層を狙い撃ちにした増税が続いています。

　収益不動産を活用すれば、会社の法人税だけでなく、オーナー経営者個人の所得税・住民税を下げることも可能ですし、相続税対策にも役立つのです。

　さらにオーナー経営者にとっては、③の「事業承継」も大きな関心事です。

　日本の中小企業の中には、戦後から1960年代の高度経済成長期にかけて創業し、1980年代後半のバブル景気なども経験して、資産が大きく膨らんでいる会社が数多くあります。

　そうした会社の場合、たとえいまの業績が振るわなくても、自社株評価が数億円から十数億円と高額になっていることが多く、何の対策も打たずに後継者に株を譲ると、高額の贈与税・相続税を納めなければならなくなってしまうのです。

　自社株の贈与・相続がネックとなって事業承継が進まないと、多数の中小企業が廃業に追い込まれかねないことから、国は期間限定で一定の届け出を

行えば自社株にかかる贈与税・相続税が無税となる「事業承継税制の特例」（38ページ参照）を導入しました。しかし、実際には税の繰り延べにすぎないことや、制度の活用によって当局に経営を管理され続けることなど、デメリットが多いことから、活用があまり進んでいないのが現状です。

これに対し、収益不動産を活用すれば、意図的に会社の収益や資産評価を大きく減額することができ、それによって自社株評価が下がります。

特例の活用によって経営のフリーハンドが奪われるようなことはなく、納税負担も減るので、スムーズな事業承継が実現しやすくなります。

ちなみに、法人による節税や自社株対策のスキームとしては、生命保険や太陽光発電、オペレーティングリースの活用、役員退職金の増額など、さまざまな話が舞い込んでくるかと思いますが、いずれも、効果が限定的であったり、多額のキャッシュアウトを伴ったりするため、有効なスキームとは言えません。

その点、収益不動産は、ほかの節税スキームと違ってキャッシュアウトはほぼ伴わず、むしろフリーキャッシュを得ながら、同時に節税効果を得られることが大きな魅力であると言えます。

この本では、「安定収益確保」「節税」「事業承継」の3つを、収益不動産の活用によって解決する方法をアドバイスします。

本書をお読みいただくことで、1人でも多くのオーナー経営者と、その経営する会社の悩みが解消されるきっかけになれば、著者として幸甚です。

藤原正明

第1章

このままでは、家族や社員を守れない！

日本の中小企業が
直面する課題とは？

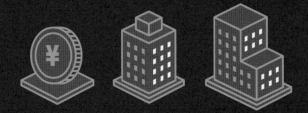

♟「少子・高齢化」「人口減少」で、日本経済はますます縮小する

　本書のテーマである「オーナー経営者のための不動産投資」について語る前に、まずこの章では、中小企業を取り巻く経営環境が今後どのように変わっていくのか、その変化を乗り越え、長く事業を存続していくためには何をすればいいのかについて考えたいと思います。

　不動産投資のメリットや方法について早く知りたいという方は、この章は読み飛ばしていただいても構いません。

　「失われた30年」――。1990年代初めに、いわゆる"バブル景気"が崩壊して以来、日本はかくも長い景気低迷を経験することになってしまいました。

　その間、かつて世界2位の規模を誇った日本の経済は中国に追い抜かれ、2050年までにはインドにも抜かれて世界4位になるとの予測もあります。

　それも無理はありません。なぜならこの30年間、日本の実質GDP（国内総生産）はおおむね500兆円前後と、ほぼ横ばいで推移してきたからです。

　バブル崩壊以降、日本の潜在経済成長率は2％台から1％台へと下がり、リーマンショック発生後の2009年には一時マイナスになりました。安倍晋三内閣が2012年末にアベノミクスを開始すると、潜在成長率はやや持ち直しましたが、それでも1％前後という低い数値が続いています。これではGDPが大きく伸びようはずがありません。

　ちなみに、2010年に日本を追い抜いて世界2位の経済大国となった中国の実質GDPは、その後8年間で日本の約2.7倍のおよそ13.3兆米ドル（2018年、IMF調べ）まで拡大しています。近年やや減速したとはいえ、中国経済はいまでも年5〜6％近い高成長を続けているからです。

　ここ数年、中国からの訪日観光客の急増が話題になっていますが、これは円安や日本政府によるビザ発給条件の緩和だけが理由ではなく、急速な経済成長とともに、その恩恵を受けて中国国民がどんどん豊かになっていること

の証しだと言えます。

　翻って日本を見ると、経済成長の鈍化とともに、国民生活は貧しくなる一方です。国税庁の「民間給与実態統計調査」によると、日本のサラリーマンの平均年間給与は1997年の467万円（1年勤続者、以下同）をピークに、2012年には408万円まで下がりました。

　その後、少しずつ上がって2018年には441万円になりましたが、それでもピークに比べると26万円も低い水準です。

　賃金の伸び悩みに加え、1997年4月には消費税が3％から5％に、2014年4月には8％に、2019年10月には10％に引き上げられたことも、国民の消費マインドを大きく冷え込ませました。

　この本を読んでおられる方の中には、小売・サービス業のオーナー経営者もいらっしゃると思いますが、売り上げが伸びない時代があまりにも長く続いていることを痛感しておられるのではないでしょうか。

　経済が伸びないので給料は増えず、給料が増えないので消費が盛り上がらないという悪循環が、「失われた30年」の間、ずっと続いてきたわけです。

　では、なぜ日本の経済は伸びなくなってしまったのでしょうか？

　答えは簡単です。ほかの国と違って、日本では生産の担い手である「人」がどんどん減っていることに加え、担い手1人当たりの「生産性」も著しく低いからです。

　経済学のセオリーのひとつに、GDPの大きさは、ほぼ「労働投入量×生産性」によって決まるというものがあります。

　労働投入量とは、「労働者数×平均年間勤務時間」のことです。つまりGDPの大きさは、①何人の人が、②年間に何時間、③どれだけの生産性をもって生産活動に従事したのか──という実績の掛け合わせによって、ほぼ決定付けられるのです。

　3つの要素のうち、ひとつでも大きくなればGDPは成長しますし、3つのすべてが大きくなれば、ますます成長率は高くなります。

逆に、3つのうちどれかひとつでも小さくなれば経済成長は鈍化し、3つすべてが小さくなると、ますますスローダウンするわけです。

日本の状況を考えると、まず、①の「労働者数」が年々減り続けていることが成長の大きなブレーキとなっていることは論を待たないでしょう。

【図1-1】は日本の人口推移を示したグラフですが、わが国の総人口は2008年の1億2,808万人をピークに減少を続けています。急速な「少子・高齢化」によって、世界の国・地域の中でいち早く「人口減少」時代を迎えてしまったことが、日本経済の成長を妨げる大きな要因となっているのです。

図1-1　日本の人口の推移

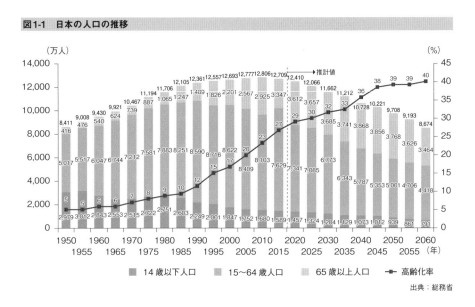

出典：総務省

しかも日本の場合、生産の担い手である「生産年齢人口」（15～64歳人口）は、バブル崩壊直後の1995年の8,716万人でピークを打ち、すでに20年以上にわたって減り続けています。国立社会保障・人口問題研究所は、日本の生産年齢人口は2060年にはピークの約半分の4,418万人まで減少すると推計しています。

ただ人口が減るだけでなく、「高齢化」によって65歳以上の割合がどんどん高まり、働き盛りの人々の割合がどんどん小さくなっていくからです。

　高齢者が増える一方で、14歳以下の人口は年々減り続けています。国立社会保障・人口問題研究所は14歳以下人口が2015年の1,589万人から、2060年には、ほぼ半分の791万人まで減少すると推計しています。

　急激な「少子化」によって、やがて生産の担い手となる子どもの数がどんどん減り続ければ、日本は現状のGDP規模を維持することすら難しくなるかもしれません。

　これは、いまですら困難な経営に直面している中小企業のオーナー経営者にとって、想像したくもない未来予想図ではないでしょうか。

　人口減少が進めば、労働力が減るだけでなく、消費もどんどん縮小していくことは言うまでもありません。

　たとえば、日本の百貨店・スーパーの年間販売額は、1997年の約23兆4,000億円から、2017年には約19兆6,000億円まで16％以上も減少しています。消費マインドの冷え込みや、価格競争による商品単価の下落などが販売額を下げている側面もありますが、今後、人口がますます減っていけば、生活に欠かせない食料や日用品ですら需要が大幅に縮小し、売り上げも著しく落ち込むことが予想されます。

　国立社会保障・人口問題研究所は、日本の総人口が2015年の1億2,709万人から、2060年には7割弱の8,674万人まで減少すると推計しています。人口が3割以上も減るわけですから、商品やサービスの需要も3割以上減っておかしくはありません。

　人口減少による需要の大幅な縮小は、小売・サービス業などのBtoCの会社だけに限らず、原材料や部品などを消費財メーカーに供給するBtoBの会社にとっても、衝撃度の大きな社会構造変化であると言えます。

　また、意外に思われるもしれませんが、いま政府の旗振りによって各企業が積極的に進めている「働き方改革」も、今後、日本のGDPを押し下げる要因のひとつとなる可能性があります。

　なぜなら、長時間残業や休日出勤の抑制によって、結果的にGDP規模を

構成する要素のひとつである「平均年間勤務時間」が減ってしまうからです。

これまで日本の企業は、減り続ける労働者数や、海外に比べて著しく低い生産性（詳しくは後ほど解説します）を、過酷な長時間労働によって補ってきた側面があるのではないかと思います。

もちろん「働き方改革」は、労働者のワーク・ライフ・バランス改善やQOL（生活の質）向上のため不可欠な取り組みですが、少ない労働者数でも高いアウトプットを実現できるようにする生産性向上の取り組みが伴わないと、勤務時間の縮小とともに企業の売り上げや利益が落ち込み、国全体としてのGDPも下がってしまう恐れがあるわけです。

これらの点を考えると、日本経済はいまの規模を保ち続けることすら難しく、むしろ人口減少とともに、どんどんじり貧になっていく可能性が高いということがわかるのではないでしょうか。

いまですら、多くの中小企業が業績不振に苦しんでいるわけですが、今後ますます厳しい環境に追い込まれることが予想されます。

🏱「グローバル化」「デジタル化」が中小企業の仕事を奪う

「少子・高齢化」「人口減少」と並んで、日本の中小企業の存続を脅かしかねない大きな変化があります。

それは、ビジネスの「グローバル化」と「デジタル化」です。

「グローバル化」については、日本でも1990年代ごろから本格的に語られるようになったので、さほど目新しくないキーワードかもしれません。

バブル崩壊後、巨額の債務超過や経営破たんに陥った日本企業を外資系の投資ファンド（いわゆる"ハゲタカファンド"）が次々と買収し、看板にカタカナの社名を入れた会社が急増したことが、「グローバル化」が意識されるようになったきっかけのひとつでした。

一方、1990年代には、急速な円高の進行とともに、日本の製造業が工場を海外に移転させる動きが広がりました。外資が日本に押し寄せるインバウ

ンドの「グローバル化」のみならず、日本企業が海外に出ていくアウトバウンドの「グローバル化」も加速していったわけです。

　この本を読んでおられる製造業のオーナー経営者の中にも、得意先の工場が中国や東南アジアに移転するので、やむを得ず自分たちも工場を移転したという方がいらっしゃるのではないでしょうか。

　同じように、業種を問わず、あらゆるビジネスにおいて「グローバル化」の影響を受けている日本の中小企業は少なくないと思います。

　しかし、いま起こっている新たな「グローバル化」の波は、これまでの波とは大きさも衝撃度も比べものになりません。

　なぜなら、「デジタル化」という途方もない力が加わったことで、その破壊力が何倍、何十倍にも増幅されたからです。

　わかりやすい例として、スマートフォンを挙げてみましょう。

　ご存じのように、現在普及しているスマートフォンの第1号は、アップルが2007年に発表した「iPhone」です。

　この斬新なスマートフォンの登場によって、従来の携帯電話（いわゆる“ガラケー”）のニーズは急速に縮小し、国内メーカーも独自のスマートフォンを開発して対抗せざるを得なくなりました。

　日本では、使い勝手やデザイン性などの完成度が高いiPhoneの人気が根強く、いまでは国内の携帯電話・スマートフォン市場の4割近くをアップルが握っています。「グローバル化」と「デジタル化」によって、日本のメーカーが既存市場を奪われてしまった典型的な例と言えるでしょう。

　iPhoneに代表されるスマートフォンの急速な普及は、通信機器メーカーだけでなく、ほかの業界のビジネスにも大きな影響を及ぼしました。

　たとえば、スマートフォンにはカメラ機能が付いています。かつてはレンズの性能が低く、解像度も小さかったのですが、いまでは専用のデジタルカメラとそん色のない性能、機能を備えたカメラを搭載しています。

図1-2　人工知能やロボット等による代替可能性が高い100種の職業

※職業名は、労働政策研究・研修機構「職務構造に関する研究」に対応

IC生産オペレーター	こん包工	電子計算機保守員（IT保守員）
一般事務員	サッシ工	電子部品製造工
鋳物工	産業廃棄物収集運搬作業員	電車運転士
医療事務員	紙器製造工	道路パトロール隊員
受付係	自動車組立工	日用品修理ショップ店員
AV・通信機器組立・修理工	自動車塗装工	バイク便配達員
駅務員	出荷・発送係員	発電員
NC研削盤工	じんかい収集作業員	非破壊検査員
NC旋盤工	人事係事務員	ビル施設管理技術者
会計監査係員	新聞配達員	ビル清掃員
加工紙製造工	診療情報管理士	物品購買事務員
貸付係事務員	水産ねり製品製造工	プラスチック製品成形工
学校事務員	スーパー店員	プロセス製版オペレーター
カメラ組立工	生産現場事務員	ボイラーオペレーター
機械木工	製パン工	貿易事務員
寄宿舎・寮・マンション管理人	製粉工	包装作業員
CASDオペレーター	製本作業員	保管・管理係員
給食調理人	清涼飲料ルートセールス員	保険事務員
教育・研修事務員	石油精製オペレーター	ホテル客室係
行政事務員（国）	セメント生産オペレーター	マシニングセンター・オペレーター
行政事務員（県市町村）	繊維製品検査工	ミシン縫製工
銀行窓口係	倉庫作業員	めっき工
金属加工・金属製品検査工	惣菜製造工	めん類製造工
金属研磨工	測量士	郵便外務員
金属材料製造検査光	宝くじ販売人	郵便事務員
金属熱処理工	タクシー運転者	有料道路料金収受員
金属プレス工	宅配便配達員	レジ係
クリーニング取次店員	鍛造工	列車清掃員
計器組立工	駐車場管理人	レンタカー営業所員
警備員	通関士	路線バス運転者
経理事務員	通信販売受付事務員	
検修・検品係員	積卸作業員	
検針員	データ入力係	
建設作業員	電気通信技術者	
ゴム製品成形品（タイヤ成形を除く）	電算写植オペレーター	

出典：野村総合研究所

　その結果、カメラメーカーはデジタルカメラの市場をスマートフォンに奪われ、苦しいビジネスを余儀なくされるようになってしまったのです。

　また、スマートフォンには、音楽や動画をダウンロードして視聴できる機能も搭載されています。

　これによって、ソニーのウォークマンに代表されるような携帯音楽プレーヤーの市場が奪われただけでなく、CDやDVDのセールスも激減しました。その結果、音楽・映像業界は、かつてのようなCD、DVDを売る商売から、コンテンツ配信サービスへとビジネスモデルそのものの転換を迫られることになってしまいました。

　このように、「グローバル化」と「デジタル化」の波は、それまでの産業の常識を大きく覆し、既存のプレーヤーの存在価値を奪っていきます。

　「われわれのような中小企業には、まったく関係のないこと」と思われるかもしれませんが、規模の大きさにかかわらず、あらゆる企業がその影響を免れることはできません。

　なぜなら、「グローバル化」と「デジタル化」の波によって得意先である大手メーカーの収益機会が奪われれば、おのずと中小製造業の受注も減り、単価の引き下げを迫られることになるからです。

　小売・サービス業においても、「グローバル化」と「デジタル化」の影響は小さくありません。むしろ、中小小売業者の多くは、海外のプレーヤーとの直接的な競争に直面し、苦戦を強いられているのではないでしょうか。

　たとえば、日本人の日常生活において、いまやアマゾンなどのオンライン通販サービスはなくてはならない存在になっています。

　わざわざ店に行かなくても、いろいろなモノが安く買えて、注文した翌日には届けてくれるのですから、ちょっとした買い物はアマゾンで済ませてしまおうと考える人が増えるのも無理はありません。既存の小売業者にとって、これほど手強い競争相手はいないでしょう。

　しかも、アマゾンやグーグルなどの巨大IT企業は、スマートスピーカーと呼ばれるAI（人工知能）を搭載したスピーカーを使って、消費者の家庭内におけるありとあらゆる情報を集めようとしています。

　たとえば、将来的には冷蔵庫にスマートスピーカーと接続するセンサーを取り付けると、スピーカーが勝手に冷蔵庫の中身をチェックできるようになるはずです。そして、「醤油とマヨネーズが切れています。注文しますか？」とスピーカーが問い掛け、ユーザーが「オーケー」と答えると、そのままネットで注文してくれるのです。

　お客さまが来店してくださるチャンスまで、デジタルの力によって未然に奪われてしまうのですから、既存の小売業者に勝ち目はありません。「デジタル化」の恐ろしさが、よくおわかりいただけるのではないでしょうか。

「デジタル化」のさまざまな技術の中でも、今後とくに中小企業の仕事を奪う可能性が高いのがAIです。

　やや古い研究ですが、野村総合研究所が英オックスフォード大学のマイケル・A・オズボーン准教授およびカール・ベネディクト・フレイ博士と2015年に行った共同研究によると、日本の労働人口の約49％が、技術的にはAIやロボットなどによって代替できるようになる可能性が高いことがわかりました。これに当てはまる職種として、【図1-2】の100種を挙げています。

　この図を見ると、製造業では、鋳物工やNC旋盤工、金属研磨工、自動車塗装工など。サービス業では、警備員、経理事務員、タクシー運転者、データ入力係、保険事務員などが、代替できる可能性が高い職種に含まれています。

　いずれも、日本の町工場や中小の小売・サービス業などで活躍している職種ばかりです。

　見方を変えれば、これらの職種の活躍で成り立っている業種は、AIの発展によって会社そのものの存続すら脅かされかねないことがわかります。

　「デジタル化」の波に対抗するには、自らもビジネスの「デジタル化」を推し進めることが有効ですが、日本の中小企業の約7割が赤字経営であることを考えると、そのための投資余力のある企業は限られています。

　「グローバル化」と「デジタル化」によって仕事が奪われてしまう前に、もうひとつ、安定的な収益源を確保しておくことを真剣に考えるべきではないでしょうか。その有効な手段のひとつとしてお勧めしたいのは、収益不動産の活用です（詳しくは後ほど解説します）。

　非常に残念なことに、「デジタル化」による業務改革についても、日本は海外と比べて大きく後れを取っています。

　経済協力開発機構（OECD）が2019年5月に発表した「スキル・アウトルック2019」という報告書によると、職場の仕事でメールや表の作成、プログラムなどをどれだけ使うかをOECD加盟36ヵ国（2019年12月時点）で比較したところ、上位はシンガポール、オランダ、デンマークなどで、日本は

OECD平均にも満たないことがわかりました（【図1-3】参照）。

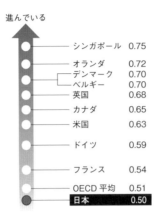

図1-3　職場のデジタル化の各国比較
（デジタル化の進み具合を指数化、最大値＝ 1.0）

進んでいる

シンガポール	0.75
オランダ	0.72
デンマーク	0.70
ベルギー	0.70
英国	0.68
カナダ	0.65
米国	0.63
ドイツ	0.59
フランス	0.54
OECD 平均	0.51
日本	0.50

出典：OECD

　一方、【図1-4】は、オンライン講座などで技能向上に取り組んでいる人の比率をOECD加盟国で比較したものですが、こちらもOECD平均が42％なのに対し、日本は36.6％と大きく下回っています。

　これらの調査結果を通じてわかるのは、日本の労働者の仕事におけるIT活用が、先進諸国の中でもかなり遅れているということです。

　その背景には、企業によるIT投資不足、さらには社員に対するIT教育の不足があると考えられます。

　言うまでもなく、IT活用の大きな目的のひとつは、業務効率を改善して労働の生産性を高めることです。職場でのIT活用が遅れると、生産性は下がり、結果的に企業業績の伸び悩みや経済成長の鈍化を招いてしまうのです。

　先ほど、国のGDP規模は「労働投入量×生産性」でほぼ決定付けられると説明しましたが、日本の場合は、人口減少や「働き方改革」によって労働投入量がどんどん減っていることに加え、生産性が著しく低いことも、GDPが伸び悩む大きな原因となっているのです。

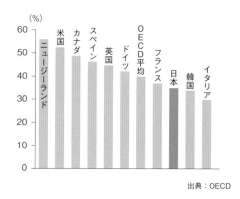

図1-4 オンラインなどで技能向上に取り組む人の比率

(%)

ニュージーランド 米国 カナダ スペイン 英国 ドイツ OECD平均 フランス 日本 韓国 イタリア

出典：OECD

　実際、【図1-5】を見ると、日本の就業者1人当たりの労働生産性はOECD加盟36ヵ国のうち21位と、かなり低いことがわかります。

　一方、【図1-6】は、OECD加盟諸国の1人当たりGDPを比較したものですが、こちらも36ヵ国中18位と、かなり低い順位です。

　日本の1人当たりGDPは、1990年代半ばにはOECD加盟国中7〜8位とまずまずの水準でしたが、2000年代に入ってから大きく順位を下げ、いまでは17〜19位が定位置となっています。

　世界的に見ると、2000年前後からのIT革命以降、急速に発展したインターネットやデジタルの技術を採り入れてビジネスの効率化を推し進める動きが広がりました。

　残念ながら日本はその波に乗り遅れ、中小企業の中には、いまでも紙の書類やファクスを使ってビジネスを行っている会社が少なくありません。

　業務における「デジタル化」への対応の遅れは、企業の「生きる力」を奪いかねません。その意味でも、生き残るための「もうひとつの事業」の選択が求められていると言えます。

図1-5　OECD加盟諸国の労働生産性（2018年・就業者1人当たり／36カ国比較）

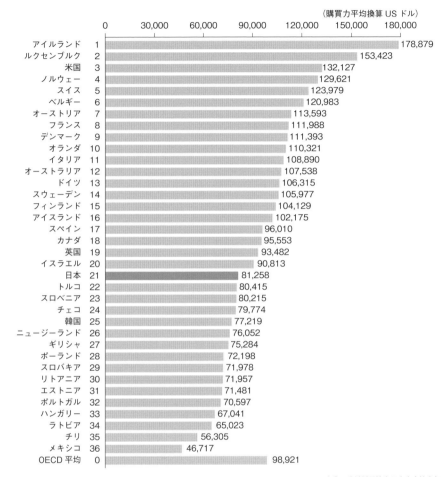

（購買力平均換算 US ドル）

アイルランド	1	178,879
ルクセンブルク	2	153,423
米国	3	132,127
ノルウェー	4	129,621
スイス	5	123,979
ベルギー	6	120,983
オーストリア	7	113,593
フランス	8	111,988
デンマーク	9	111,393
オランダ	10	110,321
イタリア	11	108,890
オーストラリア	12	107,538
ドイツ	13	106,315
スウェーデン	14	105,977
フィンランド	15	104,129
アイスランド	16	102,175
スペイン	17	96,010
カナダ	18	95,553
英国	19	93,482
イスラエル	20	90,813
日本	21	81,258
トルコ	22	80,415
スロベニア	23	80,215
チェコ	24	79,774
韓国	25	77,219
ニュージーランド	26	76,052
ギリシャ	27	75,284
ポーランド	28	72,198
スロバキア	29	71,978
リトアニア	30	71,957
エストニア	31	71,481
ポルトガル	32	70,597
ハンガリー	33	67,041
ラトビア	34	65,023
チリ	35	56,305
メキシコ	36	46,717
OECD 平均	0	98,921

出典：公益財団法人日本生産性本部

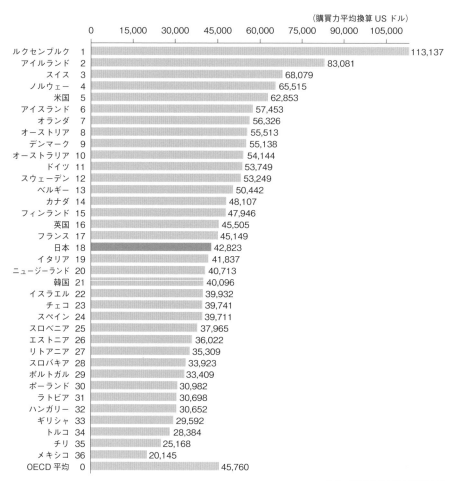

図1-6　OECD加盟諸国1人当たりGDP（2018年／36カ国比較）

（購買力平均換算 US ドル）

順位	国	金額
1	ルクセンブルク	113,137
2	アイルランド	83,081
3	スイス	68,079
4	ノルウェー	65,515
5	米国	62,853
6	アイスランド	57,453
7	オランダ	56,326
8	オーストリア	55,513
9	デンマーク	55,138
10	オーストラリア	54,144
11	ドイツ	53,749
12	スウェーデン	53,249
13	ベルギー	50,442
14	カナダ	48,107
15	フィンランド	47,946
16	英国	45,505
17	フランス	45,149
18	日本	42,823
19	イタリア	41,837
20	ニュージーランド	40,713
21	韓国	40,096
22	イスラエル	39,932
23	チェコ	39,741
24	スペイン	39,711
25	スロベニア	37,965
26	エストニア	36,022
27	リトアニア	35,309
28	スロバキア	33,923
29	ポルトガル	33,409
30	ポーランド	30,982
31	ラトビア	30,698
32	ハンガリー	30,652
33	ギリシャ	29,592
34	トルコ	28,384
35	チリ	25,168
36	メキシコ	20,145
0	OECD 平均	45,760

出典：公益財団法人日本生産性本部

🔑 本業以外で安定収益を確保する最善の方法とは？

　ここまで、主にマクロ経済的な視点から、日本の中小企業を取り巻く経営環境の変化について見てきました。

　ここからは、もう少し読者の皆さんの普段の悩み事に照らし合わせながら話を進めていくことにしましょう。

　わたしは、いまから十数年前に個人で不動産投資を始め、その経験を活かして、2013年に大阪市で収益不動産を活用する資産運用のコンサルティング会社を設立しました。現在は大阪だけでなく、東京でも事業を行っています。わたし自身も、読者の皆さんと同じ中小企業のオーナー経営者のひとりです。

　コンサルティングを始めてかれこれ7年以上になりますが、その間、数えきれないほど多くの中小企業のオーナー経営者とお会いし、お悩みに耳を傾けてきました。

　会社を経営していると、日々の業務のこと、得意先との関係、社員とのコミュニケーション、人材確保など、いろいろな悩みがあるものです。

　その中でも、ほとんどのオーナー経営者が頭を悩ませているのは、やはり資金繰りのことです。

「売り上げがどんどん減って、社員の給料が払えない」
「次の入金があるまでに、どうやって支払いを済ませるか？」
「すでに与信枠を使い切っているが、何とかお金を借りられないか？」

　と、日々の資金繰りに苦しみ、夜も眠れずにいる方もいらっしゃるのではないでしょうか。

　資金繰りに悩まされるのは、当たり前のことですが、手元に現預金（キャッシュ）がないからです。

そして、なぜキャッシュがないかと言えば、これも当たり前ですが、本業で十分な稼ぎを得られていないからです。あるいは、事業の拡大や新規事業への先行投資で債務が大きく膨らみ、稼いだ端からキャッシュを返済に回さるを得なくなっているからかもしれません。

いずれにしても、日々「入る金」よりも「出る金」のほうが大きくなれば、資金が回らなくなるのは当然だと言えます。

国税庁の調査によると、全国の法人のうち、利益を稼いでいる法人（利益計上法人）の割合はわずか37.4％で、残りの62.6％は赤字法人（欠損法人）となっています（【図1-7】参照）。

図1-7 利益計上法人数と欠損法人数

区分	法人数			欠損法人割合 (A)／(B)
	利益計上法人	欠損法人 (A)	合計 (B)	
	社	社	社	％
平成27年度分	939,577	1,690,859	2,630,436	64.3
平成28年度分	970,698	1,689,427	2,660,125	63.5
平成29年度分	1,006,857	1,687,099	2,693,956	62.6

(注) 1 「利益計上法人」…所得金額（繰越欠損金控除等の税務上の調整を加えた後の金額）が正（利益）である法人。
　　　　「欠損法人」…所得金額（繰越欠損金控除等の税務上の調整を加えた後の金額）が負（損失）又は０である法人。
　　 2 「利益計上法人及び欠損法人」については、連結法人は１グループ１社として集計。

出典：国税庁

日本企業の9割以上は中小企業（零細企業も含む）であり、事業規模の小さな会社ほど赤字になりやすい傾向があることから、先に述べたように中小企業の約7割は赤字経営に陥っているのではないかと想像されます。

それほど多くの中小企業が赤字なのですから、資金繰りに悩むオーナー経営者が多いのも無理はありません。

もちろん、赤字が何年も続けば会社の存続にかかわるので、「何とか黒字化したい」と、血のにじむような努力を重ねておられることと思います。

しかし、先ほどから述べてきたように、「少子・高齢化」「人口減少」や、「グローバル化」「デジタル化」の大波によって、中小企業を取り巻く経営環境は年々厳しくなる一方です。

　どんなに企業努力を重ねても、社会構造の変化や、テクノロジーの進歩によるビジネスの大変革には抗いようもなく、この先も本業の売り上げや利益がどんどん減っていってしまう可能性は高いと考えられます。

　結果として、オーナー経営者は、日々の資金繰りに悩まされ続けることになってしまうのです。

　「明日支払うお金をどうやって工面するか」ということばかりに頭を悩ませていると、どうしても経営がおろそかになってしまいます。その結果、本業がますます立ち行かなくなり、赤字がさらに膨らむという悪循環に陥ってしまう恐れもあります。

　そこでわたしが提案するのは、本業以外に、もうひとつ安定収益源を確保する方法です。

　より具体的に言えば、賃貸アパート・賃貸マンションなどの収益不動産を取得し、その家賃収入によってキャッシュを得る方法をお勧めしています。

　会社の事業ポートフォリオに、「不動産賃貸」という新たな事業を組み入れ、その収益によって本業の収益を補うという説明をすれば、イメージしてもらいやすいかもしれません。

　不動産賃貸を事業ポートフォリオに組み入れることには、さまざまなメリットがあります。

　第1のメリットは、何といっても、会社の収益が安定化することです。

　日本の中小企業の大部分は、ものづくりや、モノ・サービスの販売にかかわるビジネスを本業としています。

　これらのビジネスは、景気動向やニーズの変化などによって、どうしても売り上げが変動しやすいものです。

　昨年までは取り扱っている商品が飛ぶように売れたのに、ライバルがより魅力の高い新商品を発売したせいで、今年はぱったりと売れなくなった、といったことはよくある話です。

　いまはどんなに業績が好調でも、3年後、5年後も好調が持続するとは限

りません。先行きをあまりにも楽観して、事業拡大のため多額の先行投資をしたところ、次の年から売り上げがまったく伸びなくなり、先行投資のために借りた資金の返済でキャッシュが回らなくなるといった罠にはまってしまう会社も少なくないようです。

　その点、不動産賃貸事業は、景気の変化にかかわらず、安定的な家賃収入を確保できるのが大きな魅力です。

　どんなに景気が悪くなっても、人は生きるために、家に住まなければなりません。「少子・高齢化」がどんなに進んでも、地方ではなく都市部の物件を選ぶといったように、立地の選定さえ間違えなければ賃貸住宅のニーズは未来永劫なくなることはありませんし、多少景気が悪くなったとしても、家賃相場は大幅には下がりません。

　安定的な家賃収入を得ることによって、本業の不安定な収益を穴埋めすることができるのです。

　ただし、賃貸アパートや賃貸マンションは、どんな物件でも必ず収益が上がるというわけではありません。

　立地の選定を誤れば、周辺の賃貸物件との競争によって入居者の確保が困難になったり、そもそも入居希望者が見つからず、慢性的な空室状態に陥ってしまったりすることもあります。

　さらには、物件そのもののクオリティによっても、十分に満足してもらえず、入居者の確保が困難になることがあります。

　適切な立地と入居者に満足してもらえるクオリティ、そして何より、税やさまざまな諸経費を差し引いても十分なキャッシュが残る収益力を持った物件を選ぶことが大切です（詳しくは後ほど解説します）。

　不動産賃貸を事業ポートフォリオに組み入れる第2のメリットは、毎月定期的に家賃収入（キャッシュ）が入ってくることです。

　資金繰りに苦しむのは、そもそも手元に自由に使えるキャッシュがないからです。銀行から借りることができなければ、頼みの綱は得意先からの入金ですが、本業の売り上げが不安定だと入金額も変動するので、支払いをカ

バーしきれなくなることもあります。

　そのうえ、得意先からの入金は3ヵ月先、半年先ということもざらです。今月支払わなければならないのに、入金は2ヵ月先といった苦しい状況に追い込まれ、胃の痛む思いを何度もしているオーナー経営者もいらっしゃるのではないでしょうか。

　収益不動産を取得して賃貸事業を始めれば、そうした苦しみを和らげることができます。入居者さえ確保できていれば、毎月決まった家賃収入が確実に入ってくるからです。

　一般に収益不動産は、投資商品のひとつと捉えられがちですが、ここまで読んでいただいた方には、投資商品というよりも、むしろ事業性の高い資産であるということがおわかりいただけたのではないかと思います。

　もちろん、株や仮想通貨、FX（外国為替証拠金取引）などと同じように、キャピタルゲイン（値上がり益）を狙って収益不動産を取得する方もいらっしゃいます。

　しかし、繰り返し述べてきたように、わたしがお勧めするのは、あくまでも不動産賃貸を事業ポートフォリオのひとつとして組み入れ、安定的なインカムゲイン（家賃収入）を得ることによって、企業経営をより確かなものにする戦略です。経営環境の変化にかかわらず、安定的な収入が期待できる不動産賃貸事業は、本業の業績を補ってくれる頼もしい事業となることでしょう。

　安定的な収入源を確保すれば、本業により力を注ぐこともできるはずです。

　さらには、将来的に賃貸事業を拡大して、本業と双璧を成す事業に育て上げていくことも可能です。

　赤字に苦しむ中小企業のオーナー経営者の中には、本業の先行きが見通せないので、新規事業を立ち上げようとする方もいらっしゃいます。

　しかし、今日のように「デジタル化」によってビジネスのあり方が目まぐ

るしく変わっていく時代においては、手掛ける事業に有望性があるかどうか
は予測できませんし、そもそも、いままで手掛けたことがなく、ノウハウや人
材が足りない事業をいきなり始めても、うまくいくとは限りません。

　その点、不動産賃貸事業は、どんなに時代が変わろうと一定のニーズが存
在するものですし、入居者募集や物件管理といったオペレーションはすべて
外注できる環境が整っているので、特別なノウハウや人材も必要ありませ
ん。

　新規事業によって経営をてこ入れしたいと考えるのなら、不動産賃貸事業
ほど理想にかなった事業はないと言えます。

　また、わたしは、基本的に収益不動産はインカムゲイン目的で取得するこ
とをお勧めしていますが、高い収益力を持った不動産であれば、いざという
ときには相応の金額で売却することもできます。

　経営環境が想像以上に変化し、本業の収益が急速に悪化したときや、そも
そも商売が立ち行かなくなったときなどは、保有する収益不動産を売却し、
まとまった資金を手に入れて当座をしのぐことも可能なのです。

♟ "過去の栄光"が、いまに重くのしかかる自社株評価問題

　以上見てきたように、収益不動産は企業の収益を安定化してくれる非常に
頼もしい存在ですが、このほかにも、企業や、その企業を経営する個人（オー
ナー経営者）が収益不動産を持つことにはさまざまなメリットがあります。

　なかでも大きなメリットは、法人税や個人の所得税・住民税の納税額を抑
え、事業承継のネックとなりやすい自社株評価を下げられることです。

　わたしはこれまでに数多くの中小企業のコンサルティングを行い、オー
ナー経営者から税金に関するさまざまな悩みをうかがってきました。

　税金に関する主な悩みを集約すると、以下の4つになります。

① 会社の法人税を下げたい
② 会社の自社株評価を下げたい（事業承継、相続税対策）
③ 個人の所得税・住民税を下げたい
④ 個人の相続税対策（自社株評価を含む個人資産全体）

これらの悩みは、いずれも収益不動産の活用によって解決できます。

上の4つの悩みを整理すると、①と③は所得（フロー）にかかわる問題、②と④は資産（ストック）にかかわる問題であることがわかります。

これを踏まえて、税金対策を大きく分けると、

(1) 法人・個人の所得に対する税金対策（フローに対する節税）
(2) 保有資産に対する税金対策（ストックに対する節税）

となります。それぞれの税金対策において、収益不動産がどのような節税効果をもたらしてくれるのか。順を追って見ていきましょう。

(1) 法人・個人の所得に対する税金対策（フローに対する節税）

法人・個人を問わず、所得を得た場合は、その金額（課税所得）に応じて税金を納付します。納税は国民の義務ですので、税法上のルールに基づき適正に納税しなければなりません。

しかし、ルールに則った上で、無駄な税金を納付しなくて済むのであればそうしたい、と思うのは自然なことです。

手持ち現金の重要性をよく理解しているオーナー経営者であれば、なおさらのことでしょう。

そこで、ぜひ検討していただきたいのが収益不動産の活用です。

詳しくは後ほど解説しますが、収益不動産を取得すると、その後一定期間に発生する減価償却費を上手に活用することで、期間内における所得の圧縮が可能となります。

収益不動産は会計上、土地と建物に分けられ、建物については税法上の決められた期間に応じて毎年減価償却処理をします。

　減価償却処理をすると、帳簿上の建物簿価は減少する一方、減価償却費を損金として計上することで、所得を圧縮する効果が得られるのです。

　物件の築年数と構造によっては、1年あたりに多額の減価償却費を計上できるようになり、法人の本業の所得や、オーナー経営者の個人所得を大きく圧縮することが可能となります。

　ここで着目していただきたいのは、収益不動産の購入に当たっては金融機関から融資を利用できるので、全額を現金で賄う必要がないこと。そして、毎年の減価償却をする際には、現金が一切出ていかないことです。

　生命保険や太陽光発電、オペレーティングリースといったほかの税金対策の場合、保険料の支払いや出資など多額の現金の支出を伴います。

　しかし、取得額の過半を借りられる収益不動産なら、手元のキャッシュをほぼ温存したまま節税効果が得られるわけです。

　そのうえ、減価償却費を計上すれば、現金の支出を伴うことなく所得を抑えられるのですから、フローに対する節税策としては非常に理想的だと言えます。手元に現金が残れば、資金繰りも楽になることでしょう。

（2）保有資産に対する税金対策（ストックに対する節税）

　次に、法人やオーナー経営者が保有する資産に対する、収益不動産の節税効果について見てみましょう。

　「はじめに」でも書いたように、いま日本の中小企業のオーナー経営者にとっては、「安定収益の確保」や「節税」と並んで、スムーズな「事業承継」が大きな悩みとなっています。

　日本の中小企業の多くはファミリー企業であり、創業一族が経営する会社がかなりの割合を占めています。したがって、事業承継を考える場合、後継者とするのはご子息や、配偶者、あるいは一族の方々ということになるでしょう。

　事実、中小企業庁の『2019年版「中小企業白書」』によると、事業承継において経営者の子・配偶者などの親族が後継者となった割合は55.4％と大部分を占めました。とくに、実の子が45.1％と高い割合になっています。

　お子さんに事業を継がせるには、経営ノウハウやリーダーシップ、既存社員との関係性など、オーナー経営者が築き上げてきた定性的な"資産"をしっかり受け継ぐことも重要ですが、最終的には、少なくとも50％超、できることなら3分の2以上の自社株を譲り渡すことが不可欠です。

　後継者が経営権を維持し、スムーズな意思決定をできるようにするためには、株式を後継者1人にできる限り集中させたほうがよいのです。

　しかし残念ながら、オーナー経営者から親族への自社株の譲渡は、思うように進んでいないのが実情です。

　やや古い資料ですが、中小企業庁が2014年3月に発表した『中小会社を巡る状況と事業承継に係る課題について』という調査報告によると、オーナー経営者へのアンケート調査で「親族内承継において心配な点」として挙がったのは、第1に「経営者としての資質・能力の不足」（42.1％）、そして第2に「相続税・贈与税の負担」（26.7％）でした（【図1-8】参照）。

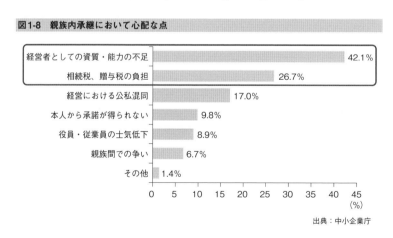

図1-8　親族内承継において心配な点

出典：中小企業庁

　事業承継で自社株を後継者に移すには、贈与・相続のいずれかを選択することになりますが、どちらの方法であっても恣意的に株価を決めることはで

きません。国税庁の財産評価基本通達に定められた非上場株式の評価方法に基づいた金額で贈与・相続しなければならないのです。

　この評価方法では、業歴が長く、内部留保の積み上げが潤沢にあり、直近の業績が好調な会社であればあるほど、想像以上に高額の自社株評価になるケースが多く、なかには自社株評価が数十億円になっている会社もあります。その分、自社株を承継する際に多額の税負担を強いられる事例が多発しているのです。

　相続税・贈与税は現金一括納付が原則ですから、通常であれば後継者が相続・贈与を受けるために多額の現金を用意する必要がありますが、数億円、十数億円ものお金を用意できる人は、そう多くありません。親族内承継における心配として、2割以上のオーナー経営者が「相続税・贈与税の負担」を挙げていることが、負担の大きさを物語っていると言えるでしょう。

　経営環境の悪化とともに、近年は赤字経営が続いている会社でも、業績が好調だった高度経済成長期やバブル景気の時期に大きな資産を蓄え、それが自社株評価を高くしている例が珍しくありません。

　「うちのように全然儲かっていない会社の株が、なぜそんなに高く評価されるのか？」と不思議に思うオーナー経営者もいらっしゃるとは思いますが、オーナー経営者自身がバリバリ稼いでいた時期に蓄えた"過去の栄光"が、自社株の譲渡を妨げる大きな重石となっているのです。

　実際、先ほどの『中小会社を巡る状況と事業承継に係る課題について』という調査報告によると、アンケートに回答した中小企業のじつに70.2％は資産超過となっており、1億円超の純資産を保有している中小企業は全体の約4割、10億円超の中小企業も1割弱に上っていることがわかりました（【図1-9】参照）。

　本業の業績は約7割が赤字でも、日本の中小企業はかなりの資産を持っているのです。これでは、多額の贈与税・相続税を納めなければならなくなるのも無理はありません。

　では、どうすれば自社株の評価を下げることができるのでしょうか？

その有効な手段のひとつと言えるのが、収益不動産の活用なのです。

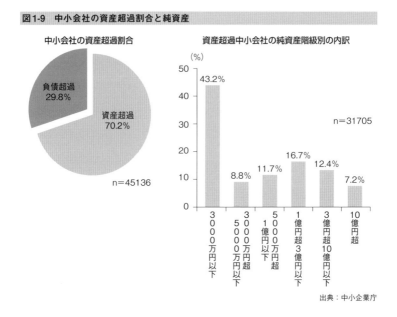

図1-9　中小会社の資産超過割合と純資産

中小会社の資産超過割合

負債超過
29.8%

資産超過
70.2%

n=45136

資産超過中小会社の純資産階級別の内訳

43.2%

8.8%　11.7%　16.7%　12.4%　7.2%

n=31705

3000万円以下
3000万円超5000万円以下
5000万円超1億円以下
1億円超3億円以下
3億円超10億円以下
10億円超

出典：中小企業庁

　自社株の評価方法については第4章で詳しく解説しますが、その評価は、配当金、利益および純資産の大きさによって決まります。

　収益不動産を取得して賃貸事業を始めると、先ほど述べた減価償却の効果によって利益を圧縮できることに加え、純資産も小さくなるので、結果的に自社株評価を大きく下げることが可能となるのです。

　また、オーナー経営者の中には、多額の個人資産を抱えて悩んでおられる方も少なくありませんが、収益不動産は個人の相続税・贈与税対策にも効果を発揮します。

　相続資産を評価する際、収益不動産は物件購入価格がそのまま評価になるのではなく、土地は相続税路線価、建物は固定資産税評価額を基準とします。これだけでも市場価格に比べて評価を大きく圧縮できますが、収益不動産で賃貸事業を行うと、土地・建物を第三者に貸与しているということで、さらに評価を下げることが可能になります。

個人の相続税評価で言えば、市場価格の50％程度まで評価が下がる場合もあります。

　さらに、金融機関から資金を借りて収益不動産を購入した場合は、その部分が負債として資産圧縮に寄与します。

　これらの圧縮分（マイナス分）をほかの現預金などの資産と合算すれば、保有資産全体の評価が大きく圧縮されることになり、結果として節税を実現できるようになるわけです。

　個人の相続税対策と、法人による自社株評価の圧縮では詳細の計算が異なりますが、いずれも保有資産の評価を大きく圧縮できるという点では共通しています。

　オーナー経営者の場合、自社株評価の圧縮は行わず、オーナー経営者が個人で収益不動産を購入し、それによる評価のマイナス分を自社株評価と合算することで相続税を圧縮する方法も取れます。

　いずれにしても、収益不動産はオーナー経営者の税金に関する悩みを解決してくれる有効なツールであるということが、おわかりいただけるのではないでしょうか。

🔑 事業承継税制の特例措置は、本当に“救いの神”となるのか？

　自社株評価の高さが、中小企業の事業承継を妨げる大きなネックとなっていることについては、国も十分理解しています。

　そこで政府は、2009年に「非上場株式等についての贈与税・相続税の納税猶予制度」というものを設けました。

　一般に「事業承継税制」と呼ばれているこの制度は、親族内で贈与・相続される非上場株式等（自社株）のうち、総株式数の最大3分の2までについて、贈与税は100％、相続税は80％が猶予されるというものです。

　たとえば、オーナー経営者が3億円分の自社株を子息に贈与すると、通常であれば3億円分にそのまま贈与税が課されることになります（基礎控除分110万円を除く）。

　しかし、事業承継税制の適用を受ければ、3分の2の2億円分については100％納税が猶予されるので、残る1億円分に課せられる贈与税を納めるだけで済みます。実際の納税額は、事業承継税制の適用を受けなかった場合が約1億6,000万円、適用を受けた場合は約5,000万円ですから、じつに約1億1,000万円も納税額が少なくなるわけです。

　一時的とはいえ、これほどの"節税効果"が得られるのですから、なるべく後継者に金銭的な負担を掛けずに自社株を譲り渡したいと考えているオーナー経営者にとっては、非常に魅力的な制度であるように思えます。

　ところがこの制度は、政府が予想していたほど活用が進みませんでした。

　なぜなら、制度を利用する代わりに、「承継後5年間、平均8割以上の雇用維持が必要」などの条件を満たすことが要求されるからです。

　条件を満たせなくなった場合は、直ちに多額の贈与税や相続税を納めなければならなくなるのですから、中小企業のオーナー経営者が利用をためらうのも無理はありません。

　日々の経営で苦労を重ねておられるオーナー経営者には、いまさら申し上げるまでもないと思いますが、経営環境が目まぐるしく変化する中で、一定人数以上の雇用を確保しなければならないということは、かなり大きなリスクです。たとえ贈与税・相続税の納税が一時的に猶予されたとしても、経営状況の変化によっては、より大きなコストを支払わなければならなくなるリスクもあるわけですから、活用が進まないのも当然と言えるでしょう。

　そこで政府は、事業承継税制のさらなる活用を促すため、2018年1月から10年以内の期間限定で「特例措置」を設けました。

　通常の事業承継税制（以下、一般措置）と、特例措置の違いは【図1-10】のとおりです。

図1-10　事業承継税制の特例措置と一般措置の比較

	特例措置	一般措置
事前の計画策定等	5年以内の特例承継計画の提出 ［2018年4月1日から 2023年3月31日まで］	不要
適用期限	10年以内の贈与・相続等 ［2018年1月1日から 2027年12月31日まで］	なし
対象株数	全株式	総株式数の最大3分の2まで
納税猶予割合	100％	贈与：100％　相続：80％
承継パターン	複数の株主から最大3人の後継者	複数の株主から1人の後継者
雇用確保要件	弾力化	承継後5年間 平均8割の雇用維持が必要
事業の継続が困難な事由が生じた場合の免除	あり	なし
相続時精算課税の適用	60歳以上の者から20歳以上の者への贈与	60歳以上の者から20歳以上の推定相続人 （直系卑属）・孫への贈与

　大きな違いのひとつは、納税猶予の対象株数が一般措置では「総株式数の最大3分の2まで」であるのに対し、特例措置では「全株式」になったこと。

　そして、納税猶予の割合が一般措置では「贈与税が100％、相続税が80％」であるのに対し、特例措置ではどちらも「100％」になったことです。

　たとえば、3億円分の自社株を後継者が贈与を受けた場合、一般措置では3分の2にあたる2億円部分については納税猶予の対象になりますが、1億円部分に対しては贈与税がかかります。しかし特例措置の適用を受ければ、3億円分すべての納税が猶予されます。

　そしてもうひとつ、一般措置と特例措置には大きな違いがあります。

　それは、「承継後5年間、平均8割の雇用維持が必要」としている一般措置の適用条件が、特例措置では弾力化されたことです。

　具体的には、条件どおりの雇用が維持できなくなった場合でも、認定支援機関が「経営が悪化した」という意見を付した書類を提出した場合は納税猶予期間が延長されるようになりました。

　このほか、特例措置では親族内だけでなく、親族以外の人に対する贈与に

ついても適用が認められます。子息や孫など、親族の中にふさわしい後継者がいない場合、長年働いてくれた役員を後継者に指名して、納税負担を掛けずに自社株を贈与することが可能となったわけです。

しかし、これほど大盤振る舞いをしているにもかかわらず、事業承継税制の特例措置も、政府が期待していたほどには活用が進んでいないようです。

当社と取引のあるいくつかの税理士法人にヒアリングすると、中小企業のオーナー経営者の多くが特例措置の活用をためらっている主な理由は、次の3つです。

①あくまでも納税猶予であって、いつかは税金を納めなければならない。
②特例を受ける代わりに、国の管理を受け続けることになる。
③将来的にM&A（企業の合併・買収）などの選択がしにくくなる。

①については、誤解していらっしゃる方も多いようですが、事業承継税制は免税のための制度ではありません。

あくまでも贈与税・相続税の納税が一時的に猶予される制度であって、いつかは納めなければならないということを理解する必要があります。

たとえば、子息が事業承継税制を利用して納税猶予を受けたとしても、それをさらに承継する孫などが制度の利用を継続しなければ、その時点で猶予されていた贈与税または相続税を納めなければならなくなるわけです。

もちろん、子から孫に承継する時点でも制度を利用し、それを延々と繰り返せば、納税を未来永劫先送りすることは理論的には可能です。

しかし、この制度自体が未来永劫続くという保証はありません。

とくに特例措置については、2018年1月1日から10年以内という期間が定められているので、その後も「全株式」について「100％」の納税猶予が認められるかどうかは、現時点では何とも言えません。

仮に特例がなくなった場合は、一般措置のルールに則って一部の贈与分、相続分については納税しなければならなくなる可能性もあります。

また、今後の政府の方針によっては、将来的に事業承継税制そのものがな

くなってしまうことも考えられます。

　膨らみ続ける社会保障費などを賄うため、少しでも税収を増やしたいというのが国の本音ですから、いかに中小企業を救いたいと思ったとしても、永遠に大盤振る舞いを続けられるとは限りません。

　制度そのものがなくなってしまったら、その時点で制度を活用していた中小企業のオーナー経営者は多額の贈与税、相続税を納めなければならなくなってしまう可能性があります。

　ここで問題となるのは、先送りを続ければ続けるほど、会社が保有する資産がどんどん膨らみ、自社株の評価額も上がる可能性があることです。

　また、優秀な後継者が会社を受け継いで、先代の時代より業績が大きく上向けば、その分も自社株の評価を高めることになります。

　結果として納めるべき贈与税、相続税の金額も大きくなり、子どもや孫をますます苦しめることになりかねません。

　②の「特例を受ける代わりに、国の管理を受け続ける」ことも、中小企業のオーナー経営者にとっては、なかなか受け入れ難い条件でしょう。

　事業承継税制の特例措置を利用して贈与税の納税猶予を受ける場合、まず、後継者や承継時までの経営見通し、承継後5年間の事業計画などを記載した「特例承継計画」を作成し、都道府県知事からの確認を受ける必要があります。そのうえで株式の贈与を行い、適用条件にかなっていることの認定を都道府県知事に申請して、「認定証」を受領しなければなりません。

　認定を受けた後は、贈与税の申告期限から5年間、都道府県知事に「年次報告書」を、税務署には「非上場株式等についての贈与税の納税猶予の継続届出書」(以下、「継続届出書」)を毎年提出する必要があります。

　さらに5年が経過した後も、税務署に3年ごとに「継続届出書」を提出しなければなりません。

　つまり、納税は猶予されても、特例の適用を継続する限り、子どもや孫に承継した会社はずっと国に管理され続けることになるわけです。

　その結果、後継者の経営の自由が奪われてしまうことが、特例の活用が進

まない大きな理由のひとつとなっています。

　経営の自由が奪われるという意味では、③の「将来的にM&Aなどの選択がしにくくなる」というのも非常に大きな問題です。

　事業承継税制の特例措置を利用して納税猶予を受け続けるためには、贈与・相続を受けた後継者がすべての株式を持ち続けなければなりません。一部でも売却すれば、その時点で納税猶予は終了し、贈与税、相続税を納めなければならなくなります。

　近年、親族内にふさわしい後継者がいないという理由で、他の企業に会社ごと事業を売却するM&Aの事例が増えています。

　幸い、子どもや孫が会社を受け継いでくれたとしても、その代になってから後継者が見つからず、「会社を売らなければならない」という決断に迫られることになるかもしれません。

　しかし、事業承継税制の特例措置を受けたままの状態だと、M&Aを受けるためには猶予されていた多額の贈与税、相続税を納めなければならず、売るに売れなくなってしまう恐れがあるわけです。

　このように、事業承継税制の特例措置には、さまざまな制約があります。

　会社を受け継ぐ子どもや孫に過分な負担を掛けることを考えれば、特例措置を利用して納税を先送りするよりも、むしろ自社株の評価をなるべく下げて、早めに贈与を済ませておくのが得策と言えるかもしれません。

　先ほども述べたように、収益不動産を活用すれば自社株の評価を大きく下げることが可能です。

　会社や家族の将来をより安泰にしたいと考えるのなら、収益不動産の活用はベストな解決方法のひとつであると言えそうです。

🔑 法人減税が進んでも、オーナー個人の税負担は重くなる！

　中小企業のオーナー経営者の多くは、会社の収益安定化や節税だけでなく、個人の資産形成や節税にも悩んでおられることでしょう。

　しかし日本では、急速な「少子・高齢化」とともに個人の税負担が年々重くなっています。

　なかでも、オーナー経営者のような高額所得者や、多額の個人資産を持っている人ほど重税感が大きく、その重みは年を追うごとに増しているのです。

　政府は毎年税制の見直しを行っていますが、とくにここ10年ほどは、成長戦略の一環として法人減税を推し進める一方、個人所得や個人資産の額に応じて納める税については、増税の動きが顕著になっています。

　たとえば、2013年には、個人所得税・住民税の給与所得控除上限の段階的な引き下げが開始されました。

　引き下げが始まった2013年分の給与所得控除の上限額は、給与等の収入金額が1,500万円超の個人納税者に対して245万円でしたが、2016年分は1,200万円超の個人に対して230万円、2017年分以降は1,000万円超の個人に対して220万円と、徐々に下がっていきました（【図1-11】参照）。

図1-11　給与所得控除上限の段階的引き下げ

→高額給与所得者に対しての給与所得控除の上限を引き下げ、増税

<各年における給与所得控除の上限額の推移>

	2013年〜 2015年分	2016年分	2017年以降分
給与等の収入金額	1,500万円超	1,200万円超	1,000万円超
給与所得控除の上限額	245万円	230万円	220万円

<給与等の収入金額に対する給与所得控除額>

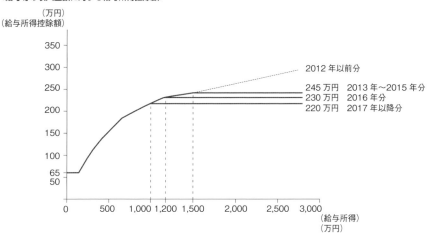

　これは、年収が1,000万円を超える高額給与所得者を狙い撃ちにした、実質的な増税措置であると言えます。

　また、2015年には所得税の税率が見直され、所得4,000万円超の高額給与所得者については、個人所得税・住民税の合計税率が従来の50％から55％に引き上げられています（【図1-12】参照）。

図1-12 2015年 所得税増税

→所得4,000万円超について最高税率が40%→45%へ増税
これにより住民税を合わせた適用税率は55%へ

所得税＋住民税の改正前と後の比較表
改定前

課税される所得金額		所得税	道府県民税	市町村民税	合計税率
195万円以下		5%			15%
195万円を超え	330万円以下	10%			20%
330万円を超え	695万円以下	20%	4%	6%	30%
695万円を超え	900万円以下	23%			33%
900万円を超え	1,800万円以下	33%			43%
1,800万円を超え		40%			50%

改定後

課税される所得金額		所得税	道府県民税	市町村民税	合計税率
195万円以下		5%			15%
195万円を超え	330万円以下	10%			20%
330万円を超え	695万円以下	20%			30%
695万円を超え	900万円以下	23%	4%	6%	33%
900万円を超え	1,800万円以下	33%			43%
1,800万円を超え	4,000万円以下	40%			50%
4,000万円を超え		45%			55%

■改定後変更部分

　さらに2020年には、年収850万円超の給与所得控除の上限額が220万円から195万円に引き下げられ、給与所得の大きさにかかわらず一律38万円だった基礎控除についても、給与所得2,400万円超から段階的に引き下げられ、所得が2,500万円を超えるとゼロになるという新しい仕組みに変わりました（【図1-13】参照）。

図1-13 2020年 給与所得控除引き下げによる増税

→年収850万円超の給与所得控除の上限を220万円から195万円に引き下げ増税へ
基礎控除48万円を2,400万円以上から段階的に引き下げ2,500万円でゼロへ

年収別増税表

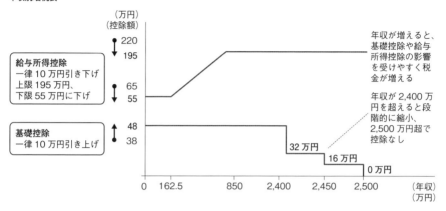

この見直しで注目したいのは、2,400万円未満の給与所得については従来38万円だった基礎控除を48万円に引き上げる一方、2,400万円超の給与所得については、逆に基礎控除を引き下げている点です。

つまり、所得の低い人の税負担は軽減する一方で、高額所得者の負担は重くしていこうとする国の意向が象徴的に表れているのです。

高額所得者を狙い撃ちにした一連の増税措置は、税収が伸び悩むなか、なるべく取りやすいところから、より多くの税金を徴収しようという国の考え方に基づくものです。

「少子・高齢化」の進展とともに、年金や介護・医療などの社会保障関係費は年々増大しており、国の予算は歳出が歳入を大きく上回る状況が続いています。社会保障制度の抜本的な見直しも手付かずの状況であり、このままでは1,000兆円を超える"国の借金"はますます膨らんでしまいます。

政府としては、少しでも税収を増やして年度ごとの赤字を減らし、借金を返済したいところですが、人口減少によって個人納税者の数は減っているので、同じ税制のままでは、むしろ税収は先細ってしまいかねません。

かといって、所得が低く、日々の生活にも苦しんでいる人々から多額の税

金を取るわけにはいきません。そのため、納税余力の比較的大きな高額所得者から、より多くの税を徴収しようとするわけです。

　ところで、国の税金には企業から徴収する法人税もありますが、個人所得税が増税基調であるのとは対照的に、日本の国・地方の法人実効税率は徐々に下がり続けています。

　直近では、2015年度と2016年度の二度にわたって「法人税改革」が行われ、国・地方の法人実効税率は改革前（2014年度）の34.62％から、2015年度には32.11％になりました。その後も2016年度には29.97％、2018年度には29.74％と、段階的に引き下げられています（【図1-14】参照）。

図1-14　直近の法人税改革

	2014年度 （改革前）	2015年度 （2015年度改正）	2016年度	2018年度
			（2016年度改正）	
法人税率	25.5%	23.9%	23.4%	23.2%
大法人向け法人事業税所得割 ＊地方法人特別税を含む ＊年800万円超所得分の標準税率	7.2%	6.0%	3.6%	3.6%
国・地方の法人実効税率	34.62%	32.11%	29.97%	29.74%

出典：財務省

　このように、国が法人税率の引き下げに積極的に取り組んでいるのは、日本企業の"稼ぐ力"を高め、海外企業の日本進出を促すためです。

　先ほども述べたように、日本企業は海外企業に比べて生産性が低いため、収益力についても、海外と比べると大きく見劣りします。

　まずは企業努力によって生産性を高め、それによって"稼ぐ力"をつけるのが本筋ではないかと思われますが、「グローバル化」や「デジタル化」が遅れている状況を鑑みれば、相当な時間がかかりそうです。

　そこで、税制面から日本企業の収益改善を支援し、それによって国全体としての成長力を高めようというのが政府の狙いなのです。

　また、より多くの海外企業を呼び込むためにも、低めの法人税率を設定するのが好ましいのは言うまでもありません。

　相次ぐ「法人税改革」によって、日本の法人実効税率は欧米先進国と比べても、さほどそん色のない水準となってきました（【図1-15】参照）。

図1-15　法人実効税率の国際比較

（2019年1月現在）

出典：財務省

　海外企業の国内進出が進めば、優秀な人材や資金の流入も拡大し、日本経済をより活性化させることになります。

　つまり、法人減税は、安倍内閣が成長戦略を推し進めるための重要な手段であることがおわかりいただけると思います。

　法人減税は、企業の収益力を高め、雇用や投資の余力を蓄えてもらうことで、結果的に企業の成長を促すという"好循環"を念頭に置いて実施されてきました。これによって企業の所得が増大すれば、税率を下げても、結果的に税収は増えるだろうという考え方です。

　しかし、実際の税収が政府の思い描いたとおりに増えていく保証はありません。むしろ、社会構造の変化や「グローバル化」「デジタル化」の進展とともに、日本企業を取り巻く経営環境がますます悪化すれば、税負担の軽減では補い切れないほどの業績悪化に陥る可能性もあります。

　仮にそうなった場合、法人から徴収できない税金は、ほかのところから取るしかありません。結果的に、税金を取りやすい高額所得者に白羽の矢が立ち、個人所得税・住民税の負担がますます重くなる恐れもあります。

オーナー経営者の立場からすると、法人税率が引き下げられたのはありがたいことですが、反面、個人所得税・住民税の負担が年々重くなると、個人の資産形成のスピードはどうしても遅くなってしまいます。

一般に中小企業のオーナー経営者の平均年収は、1,500万円から2,000万円程度といわれます。

日本の中小企業の7割は赤字なのですから、これでもかなりもらっているように思われるかもしれません。その一方、事業は大変好調で、本来なら5,000万円や1億円の役員報酬をもらえるはずなのに、あえて2,000万円程度に抑えているオーナー経営者も少なくないようです。

あまり多く報酬をもらいすぎると、その分、納める個人所得税・住民税の税額が大きくなってしまうからです。

しかし、毎年2,000万円ずつ収入を得るのと、1億円ずつ得るのとでは、資産形成のスピードに大きく差がついてしまいます。

もらう報酬を減らした分、会社の資産はどんどん膨らんでいくのに、個人の資産があまり増えないのでは、「いったい誰のために働いているのか?」とやるせない思いを抱いているオーナー経営者もいらっしゃることでしょう。

この悩みを解決するためには、会社だけでなく、オーナー経営者個人も「納税負担をいかに抑えるか」ということを真剣に考える必要があります。

先ほども述べたように、収益不動産を取得して賃貸事業を始めれば、減価償却によって一定期間の所得を減らすことができます。

そのメリットを生かし、経営する会社で賃貸事業をするだけでなく、オーナー経営者自身も個人の資産形成目的で賃貸アパート・マンション経営を始めるのです。

そうすれば、高い役員報酬を受け取っても、保有するアパート・マンションの減価償却費を差し引くことによって課税所得を抑え、個人所得税・住民税の納税負担を軽減することが可能です。

また、賃貸アパート・マンション経営をすれば、当然ながらオーナー経営

者個人にも月々の家賃収入が入ってきます。

　その結果、日々の生活にゆとりが生まれ、ご自身の老後や、お子さん、お孫さんたちの将来のための資産形成にも弾みがつくのです。

　この本を読んでおられる方の中には、「将来、会社の経営がどうなるかわからないから、いまのうちになるべく多くの個人資産を作っておいて、子どもや孫に譲りたい」と思っている方も大勢いらっしゃるはずです。

　そのためには、収益不動産の活用によって個人の納税負担を抑えつつ、資産形成のスピードを上げるのが何よりも有効です。

🔑 後継者以外の家族のため、相続も視野に入れた資産形成を

　子どもや孫により多くの資産を譲り渡したいと考えるとき、どうしても避けて通れないのが相続税の問題です。

　すでに述べてきたように、日本では高額所得の個人ほど重い税負担を強いられていますが、これは相続税・贈与税についても同様です。

　しかも、個人所得税や住民税と同じように、相続税・贈与税の増税基調も強まっています。

　たとえば2015年の税制改正では、相続税の基礎控除が大幅に縮小され、これによって納税義務を負わなければならなくなる人が大幅に増加しました。

　この改正によって、相続税の税負担がどれほど重くなったのでしょうか？　相続税の計算方法とともに詳しく解説しましょう。

　そもそも相続税は、被相続人（亡くなった方）が遺した現預金や土地・建物などの財産から、借入金や未払金などの債務を差し引いた「正味の遺産額」に対して、それを相続する人（相続人）に課せられる税金です。

　たとえば、評価額が6,000万円の自宅（土地・建物）、3,000万円の預金、2,000万円の借入金を、配偶者（妻）と子ども2人が相続したとします。

この場合、正味の遺産額は以下のとおり7,000万円となります。

自宅（土地・建物）	6,000万円
預金	3,000万円
借入金	△2,000万円
正味の遺産額	7,000万円

なお、自宅の土地については、被相続人が相続開始の直前において居住していた家屋の敷地であれば、面積330㎡までは評価額が最大80％減額される特例措置（小規模宅地等の特例）がありますが、ここでは計算をわかりやすくするため、特例の適用は受けなかったものとします。

相続税は、正味の遺産額の全額に課せられるわけではありません。その金額から、基礎控除額を差し引いた残りの額が課税対象額となります。
基礎控除額は、法定相続人（民法で定められた相続人。配偶者や子どもなど）の人数によって変わります。計算式は以下のとおりです。

基礎控除額　3,000万円＋（600万円×法定相続人の数）

このケースでは3人の家族が相続するので、基礎控除額は4,800万円です。
そして、正味の遺産額7,000万円から、基礎控除額4,800万円を差し引いた残り2,200万円が相続税の課税対象額となるわけです。

じつは、2015年に税制が改定されるまでは、以下のように相続税の基礎控除額はもっと高く設定されていました。

改定前の基礎控除額　5,000万円＋（1,000万円×法定相続人の数）

この計算式に当てはめれば、相続人が3人の場合、基礎控除額は8,000万円となります。
つまり、改定前の基礎控除額が適用されたとすれば、このケースの家族は相続した正味の遺産額が基礎控除額を下回るので、相続税を納める必要はな

くなっていたわけです。

＜改定前＞		＜改定後＞	
正味の遺産額	7,000万円	正味の遺産額	7,000万円
基礎控除額	8,000万円	基礎控除額	4,800万円
相続税課税対象額	△1,000万円	相続税課税対象額	2,200万円

＊改定前のように課税対象額がマイナスであれば、納税は免れる

　このケースと同じように、従来の税制のままなら相続税を納める必要はなかったのに、税制の見直しによって納税義務が発生した人の数は激増したといわれています。

　とくに首都圏や近畿圏といった地価の高いエリアでは、自宅の土地の評価額だけでも数千万円に上る家庭が多く、基礎控除額を上回ってしまうケースが増えてしまったようです。

　この本を読んでおられる方の中にも、「うちは、それほど資産がないから大丈夫」と思っていたのに、いざ計算してみると、多額の相続税を納めなければならないことがわかり、唖然とした方がいらっしゃるのではないでしょうか。

　さらに、2015年の税制改正では、相続税率についても見直しが行われました。2億円超〜3億円以下の相続にかかる相続税の税率は従来の40％から45％に、6億円超の相続については50％から55％に、それぞれ引き上げられたのです（【図1-16】参照）。

図1-16 相続資産に対する相続税率の見直し（2015年）

→2億円超の相続財産を相続する場合の税率を引き上げ

各法定相続人の取得金額			改定前税率	改定後税率
～		1,000万円以下	10%	10%
1,000万円超	～	3,000万円以下	15%	15%
3,000万円超	～	5,000万円以下	20%	20%
5,000万円超	～	1億円以下	30%	30%
1億円超	～	2億円以下	40%	40%
2億円超	～	3億円以下		45%
3億円超	～	6億円以下	50%	50%
6億円超	～			55%

※「各法定相続人の取得金額」とは、課税遺産総額（課税価格の合計額から遺産に係る基礎控除額を控除した金額）を法定相続人の数に算入された相続人が法定相続分に応じて取得したものとした場合の各人の取得金額をいいます。
引用：国税庁 https://www.nta.go.jp/publication/pamph/sozoku/aramashi/pdf/02.pdf

　このように、高額所得者を狙い撃ちにした増税は、相続税の負担もますます重くしています。子どもや孫により多くの財産を残すためには、十分な節税策が求められていると言えます。

　ここまで、相続税の課税対象額の計算方法を説明したので、ついでに、実際に納める相続税が一体いくらぐらいになるのかも計算してみましょう。

　まず、相続税の課税対象額をいったん法定相続分で分割します。

　実際の分け方は、遺言の指示や、家族同士の話し合いによって異なるはずですが、あくまでも相続税の計算のためです。

　法定相続分は、配偶者が遺産額の「2分の1」、その他の相続人（子どもなど）が残りの「2分の1」を人数で均等に割った金額となります。

　このケースでは子どもが2人なので、法定相続分は、母が「2分の1」、2人の子どもがそれぞれ「4分の1」ということになります。

　2,200万円の課税対象額をこの比率で割ると、妻（配偶者）の法定相続分は1,100万円、子ども2人はそれぞれ550万円になります。

＜配偶者1人・子ども2人の場合の法定相続分＞

　　母（配偶者）…… 1/2　　1,100万円

　　子ども1 ………… 1/4　　 550万円

　　子ども2 ………… 1/4　　 550万円

　次に、【図1-17】の「相続税の速算表」をもとに、それぞれの法定相続人に課せられる相続税の額を算出します。

　　　　　　　　　　　　課税価格　　税率　　　控除額　　相続税額

妻（配偶者）　1,100万円 ×15%－ 50万円＝115万円

子ども1　　　 550万円 ×10%－　0円＝ 55万円

子ども2　　　 550万円 ×10%－　0円＝ 55万円

　上記を合算した225万円が、相続税の総額です。

図1-17　相続税の速算表

課税価格			税率	控除額
	～	1,000万円以下	10%	－
1,000万円超	～	3,000万円以下	15%	50万円
3,000万円超	～	5,000万円以下	20%	200万円
5,000万円超	～	1億円以下	30%	700万円
1億円超	～	2億円以下	40%	1,700万円
2億円超	～	3億円以下	45%	2,700万円
3億円超	～	6億円以下	50%	4,200万円
6億円超	～		55%	7,200万円

　各相続人が納める相続税の額は、実際の相続割合によって決定します。法定相続分どおりに分けるのであれば、上記の金額で変わりませんが、実際の相続分は妻が50%、子ども1は30%、子ども2は20%だとすれば、その割合に応じて相続税の総額を分割します。

各人の相続税額

妻（配偶者）　225万円 ×50%＝112万5,000円

子ども1　　　225万円 ×30%＝67万5,000円

子ども2　　　225万円 ×20%＝45万円

　幸いこのケースでは、相続した財産の規模がそれほど大きくなかったので、各相続人の相続税額も、さほど多額にならずに済みました。

　しかし、相続する財産が数億円、数十億円規模になると、納めるべき相続税の額もケタが大きく違ってきます。

　その納税負担を少しでも抑えるためにも、収益不動産の活用をお勧めしたいと思います。

　すでに述べたように、収益不動産を取得して賃貸事業を始めると、物件の評価額を市場価格の50%程度まで下げることができます。

　仮に市場価格が3億円の物件だったとしても、相続財産としての評価額は約1億5,000万円まで圧縮されるのですから、かなりの節税効果が期待できるはずです。

　さらに、収益不動産を活用すれば、家賃収入を蓄えることによって現預金資産を増やすこともできます。

　土地・建物という資産を手に入れるだけでなく、それを活かすことによって子どもや孫に残せる“お金”が増えるわけです。

　じつはこの効果は、スムーズな事業承継を考えているオーナー経営者にとって、非常にありがたいものです。

　なぜなら、経営を託して自社株を譲り渡す後継者以外の子どもにも、それに見合った額のお金を分け与えることができるからです。

　相続財産には、自宅の土地・建物や現預金などのほかに、当然ながら被相続人が保有していた自社株も含まれます。しかも、その評価額は一般に高額になることから、どんなに節税策を講じたとしても、相続財産のかなりの割合を占めることになるでしょう。

　場合によっては、自社株を相続した後継者の相続分が、全体の8〜9割に

及ぶことも十分に考えられます。

そうなると、割りを食わされるほかの相続人が黙っているとは思えません。

自分の取り分を巡って、相続人同士が激しい争いを繰り広げるといった最悪の事態を招く恐れもあります。

場合によっては、割を食った相続人が「遺留分」を請求してくる可能性もあります。

遺留分とは、相続人に法律上保障された相続財産の割合のことで、法定相続割合の2分の1に当たります。割を食った相続人の相続分が2分の1以下になってしまった場合、残りの額を分配するよう他の相続人に請求する権利が認められているのです。この請求を「遺留分侵害額請求」と言います。

そうした事態を避けるためには、ほかの相続人にも自社株の評価に見合うような「ほかの財産」をあらかじめ用意しておいてあげるのが得策です。

収益不動産の活用によって現預金を蓄えておけば、そうした準備も可能となるのです。

ほかの相続人に分け与える資産の準備を怠ると、相続分のバランスを取るために、「自分にも自社株の一部を渡せ」と、兄弟姉妹同士で揉める可能性もあります。しかし、後継者に苦労をかけさせたくないのであれば、それは何としても避けたいところです。

複数の子どもが自社株を持つと、必ずと言っていいほど、経営や会社の存続を巡って互いの主張をぶつけ合い、経営が困難になるものです。

そんなトラブルを防ぐためにも、後継者には100％か、せめて3分の2以上の自社株を相続できるようにしておくことが肝心です。

ちなみに、自社株の相続にあたって、先ほど紹介した「事業承継税制の特例措置」を利用することも、相続人同士の不公平感を招きかねないので注意が必要です。

なぜなら、この特例措置によって相続税の納税が猶予されるのは自社株を

相続する後継者のみで、ほかの相続人は納税義務を免れられないからです。

　そうした不公平感をなくすためにも、「特例」を利用するよりは、自社株の評価を下げて税負担を減らすほうが望ましいと言えるでしょう。

🔑 税金対策の決め手、減価償却費をいかに大きくするか？

　ここまで、収益不動産を活用すると、なぜ収益の安定化や節税が実現するのかということについて見てきました。

　皆さんが経営する会社のみならず、個人の資産形成や、所得税・住民税、さらには贈与税・相続税の節税にも非常に役立つことがおわかりいただけたのではないかと思います。

　すでに述べたように、収益不動産を使った節税策の基本は、建物の取得によって損益に計上できるようになる「減価償却費」を活用することです。

　そこで、そもそも「減価償却」とはどういうものなのか？　それをどう活用すれば節税が実現するのかについて、より詳しく解説します。

　オーナー経営者であれば、「減価償却」のことはご存知の方も多い事でしょう。ここで改めて詳細の解説をいたします。

　ひと言で説明すれば、減価償却とは、法人や個人が取得した「減価償却資産」を、取得した年（年度）に費用として一括計上するのではなく、税法上定められた期間に割り振って少しずつ経費計上することです。

　ここで言う「減価償却資産」とは、法人や個人の業務のために用いられる建物、建物附属設備、機械装置、器具備品、車両運搬具などの資産です。

　これらの資産は、いずれも導入してから1年以内に資産価値がゼロになってしまうわけではありません。

　たとえば、車両運搬具に含まれる商用車なら、最低でも7〜8年はもつはずですし、大切に乗れば10年以上は走り続けるでしょう。オフィスの代表的な器具備品であるコピー機も、さほど酷使をしなければ5年程度は問題な

く使えるはずです。

1年で使い切ってしまう資産なら、その年に全額を費用計上しても問題ありませんが、減価償却資産は年数の経過とともに少しずつ価値を失っていくものですから、税法上は「年数を分けて、少しずつ費用計上していくべきもの」として扱われているわけです。

イメージとしては【図1-18】のような感じです。資産価値が300万円、耐用年数が3年の資産の場合、購入した年に300万円を一気に費用計上するのではなく、100万円ずつ3年間にわたって費用計上していくことになります。

もうひとつ、この図で注目していただきたいのは、毎年100万円ずつ費用を計上していくのと同時に、資産の帳簿価額も100万円ずつ減っていることです。この図を見れば、減価償却とは、取得した資産の帳簿上の金額が減っていくことに伴って、その分を費用計上していく仕組みであるということが、よくおわかりいただけるのではないかと思います。

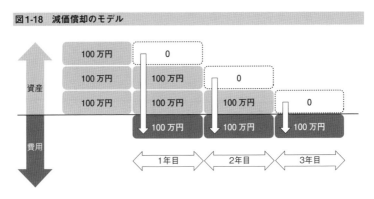

図1-18 減価償却のモデル

収益不動産のうち、減価償却資産とみなされるのは「建物部分」のみです。

土地については、「時間とともに価値が減っていくもの」ではないので、減価償却資産とはみなされず、経費や損金を計上することはできません。

一方、建物は築年数が経てばどんどん老朽化し、資産価値が失われていきます。老朽化の速度は建物の構造によっても異なるため、建物の法定耐用年数は、構造に応じて【図1-19】のように定められています。

では、収益不動産を取得することによって、具体的にどのような節税効果が期待できるのでしょうか？

　じつは、ここまで「節税」という言葉を使ってきましたが、厳密に言うと、減価償却によって得られるのは節税効果ではなく、あくまでも納めるべき税金の「先送り（繰り延べ）効果」にすぎません。

図1-19　建物構造・建物付属設備における法定耐用年数

構造		法定耐用年数
鉄筋コンクリート（RC）造・鉄骨鉄筋コンクリート（SRC）造		47年
鉄骨（S）造	肉厚4mm超（重量鉄骨）	34年
	肉厚3mm超4mm以下（軽量鉄骨）	27年
	肉厚3mm以下（軽量鉄骨）	19年
木造		22年
建物付属設備		8～17年

　なぜなら、減価償却を行うことで毎年帳簿上の金額は小さくなりますが、最終的に建物を売却すると、売却額と簿価の差が売却益となり、それに対する税金がかかるからです。

　たとえば、建物価格5,000万円で取得した新築の木造アパートを5年間保有すると、1年あたりの減価償却費は約227万円になります。

　5年間で約1,135万円の費用を計上し、その分、納税負担を抑えられる一方で、この間、建物の簿価は約3,865万円（5,000万円 − 1,135万円）まで下がってしまうわけです。

　仮にこの建物を6年目に売却し、その価格が4,500万円だったとすると、売却価格4,500万円から帳簿上の金額（約3,865万円）を引いた約635万円が売却益となり、その利益に対する課税義務が発生します。

　つまり、減価償却によって5年間の納税負担は抑えられても、売却する際には相応の税金を納めなければならなくなるわけです。

　減価償却の活用でもたらされるのは、あくまでも「税の繰り延べ効果」にすぎないという意味がおわかりいただけるのではないでしょうか。

　しかし、納めるべき税金を繰り延べできるというのは、企業経営者にとって非常に大きなメリットでしょう。なぜなら、それによって当面手元に置いておけるキャッシュが増えるのですから。

　中小企業の経営環境は厳しい状況が続いていますし、収益の大きさも、年度によって大きく異なるものです。

　今年は十分な利益を稼いだとしても、2年後、3年後も好調が続いているとは限りません。稼いだ年に多額の税金を納め、その後、急激に業績が悪くなったりしたら、「あのときに納税を先送りしておけば、手元のキャッシュで資金繰りができたはずだ」と後悔するのではないでしょうか。

　また、先ほども述べたように、年度によって本業の利益が計画どおりにならなかった場合は、物件を売却して繰り延べていた税を利益として出すことが可能です。これによって経営の安定化を図ることができるでしょう。

　減価償却が使える収益不動産は、税負担の軽減だけでなく、収益の安定化にも役立てることができるわけです。

　ちなみに、同じ収益不動産でも、建物の構造の違いによって、1年あたりに取れる減価償却費の額は大きく異なってきます。

　【図1-20】は、建物部分が5,000万円の新築物件の1年あたりの減価償却費を構造別に比較したものですが、これを見ると、鉄筋コンクリート造（RC造）が106万3,000円に対し、木造は227万2,000円と2倍以上の開きがあることがわかります。

図1-20　建物価格5,000万円の新築物件における各種構造の1年あたりの減価償却費

構造	耐用年数	1年あたりの減価償却費
木造	22年	227.2万円
軽量鉄骨造	27年	185.1万円
鉄骨造	34年	147.0万円
鉄筋コンクリート造	47年	106.3万円

　この差は、構造ごとの耐用年数の違いによるものです。老朽化しにくい

RC造の耐用年数は47年と長いので、1年あたりの減価償却費は小さくなりますが、老朽化が進みやすい木造は耐用年数が22年と短いため、1年あたりの減価償却費も大きくなるのです。

　言うまでもなく、1年あたりの減価償却費が大きくなればなるほど、単年度ごとの納税負担は小さくなります。

　つまり、税金対策を考えると、収益不動産の選定においては、1年あたりの減価償却費を最大化できる物件を選ぶことが非常に重要なポイントなのです。

　詳しくは後述しますが、1年あたりの減価償却費を最大化するためには、建物の構造だけでなく、築年数の古さにも着目する必要があります。なぜなら、中古物件であれば新築よりも耐用年数をさらに短くして、1年あたりの減価償却費を大きくすることが可能だからです。

　1年あたりの減価償却費を大きくすると、自社株の評価を大幅に下げることもできます。

　先ほども述べたように、自社株の評価は、配当金、利益および純資産の大きさによって決まります。減価償却費を大きくして利益を下げれば、その分、自社株の評価も下がって、相続税・贈与税の納税額を抑えることができるのです。

　このように、減価償却の効果を活用すると中小企業オーナーのさまざまな悩みが解決できますが、減価償却資産として活用されているのは収益不動産だけではありません。

　そこで第2章では、生命保険や太陽光発電、オペレーティングリースといった減価償却を活用する他の節税スキームと、収益不動産の違いについて徹底比較してみたいと思います。

生命保険、太陽光、リース、収益不動産……

安定収益と税対策のための スキームを徹底比較

♟【対策①】生命保険　～全額損金のメリットは低下

　所得を圧縮するスキームには、生命保険、太陽光発電、オペレーティングリース、役員報酬の増額などさまざまな種類があります。

　この本を読んでおられる方にも、税理士や保険営業担当者、あるいは金融機関の営業担当者などから、上記のスキームに関するさまざまな話が舞い込んできているのではないでしょうか。

　現にわたし自身も、オーナー経営者のひとりなので、いろいろなツテから提案を受けます。

　「自社株評価を下げるために所得を抑えたい」とか、「所得を抑えて納税を先送り（繰り延べ）し、少しでも多くのキャッシュを確保しておきたい」というのは、経営者にとって共通の悩みですが、それを解決できるというスキームの数があまりにも多いと、「どれがいちばん無理なく利用できて、効果も高いのか？」と選ぶのに迷ってしまうのではないでしょうか。

　そこで、この章では、所得を抑えて税の繰り延べを実現する各種スキームのメリット、デメリットについて徹底比較してみたいと思います。

　まずは、生命保険から見ていきましょう。

　「生命保険を法人税の繰り延べに利用する」というスキームの歴史は長く、古くは1975年に発売された「がん保険」にさかのぼることができます。

　その後、1980年の「定期保険」、2001年の「医療保険」など、利用できる保険の種類は移り変わりましたが（【図2-1】参照）、税繰り延べの基本的な仕組みについては、ほとんど変わっていません。

　法人を保険の契約者、法人の代表者（オーナー経営者）を被保険者とし、毎月保険料を支払うことで、その保険料の全額、もしくはかなりの部分が損金として処理できる仕組みです。

図2-1　税繰り延べ効果を打ち出した法人向け保険の歴史

年	種類	内容
1975年	がん保険	保険料は全額損金算入が可能
1980年	養老保険	ハーフタックス養老保険
	定期保険	保険料は全額損金算入が可能
	傷害特約	災害疾病に関する特約保険料は全額損金算入が可能
1987年	長期平準定期	前半の6割部分は2分の1損金
1996年	逓増定期保険	全損、2分の1、3分の1、4分の1損金に整理
2001年	医療保険	終身保障型は全額損金算入が可能
	無解約返戻金型定期保険	全額損金算入が可能
2006年	長期障害保険	当初の7割部分は4分の1損金
2008年	逓増定期保険	全額損金算入は返戻率50％以下に
2012年	がん保険	終身保障型の当初5割は2分の1損金
2013年	医療保険	無解約返戻金型は短期払いでも全額損金算入が可能
2019年	定期保険	個別通達を廃止。返戻率に応じて損金算入割合を決定

出典：「週刊ダイヤモンド」2019年6月15日号

　たとえば、年間利益100万円の企業が、全額損金タイプで年間保険料100万円の保険に入ったとすれば、それだけで所得をゼロにすることができます。

　ただし、全額損金処理できるとは言っても、その分の保険料を支払うわけですから、手元のキャッシュはどんどん出ていってしまいます。

　年間100万円の保険料なら、10年間でじつに1,000万円ものお金を払う必要があるわけです。

　どんなに納税負担が軽減されても、その分、手元に残るお金が減ってしまうのでは何の意味もありません。

　そのため、過去に登場した全額損金タイプの法人向け保険の中には、加入から5～6年目あたりに返戻率（払った保険料に対して受け取れる保険金額の割合）のピークを設け、そのタイミングで中途解約すると、払い込んだ保険料のかなりの割合が戻ってくるという仕組みを採り入れたものもありました。

　たとえば、年間利益100万円の中小企業が、保険料年間100万円、ピーク

時（加入から5年後）の返戻率が85％の全額損金タイプの保険に加入したとします。

この場合、ピーク時までに払い込む保険料の総額は500万円となります。

そして、このタイミングで保険を中途解約すると、返戻率85％なので500万円のうち425万円が保険金として戻ってくるわけです。

それでも、一見すると75万円の損ですが、このタイプの保険を販売する営業担当者の多くは、「5年間の節税効果を考えると、返戻率は100％を軽く超えますよ」というメリットを強調してきました。

仮にこの保険に入らなかった場合、毎年33万円（保険料100万円×税率33％）の法人税を納めなければならなかったわけですが、その分を納めなくてもよくなったので、実質165万円（33万円×5年分）のキャッシュを得られているという論理です。

中途解約によって戻ってきた425万円に、納税を免れた165万円を足すと590万円になります。つまり、投入した500万円は一切失うことなく、90万円の"節税"効果が得られるというのです。

ただしこれは実態を表していません。保険払戻金は425万円は所得になるのです。425万円×33％＝140万円の納税がかかることは留意すべき点と言えます。

このタイプの保険を販売した営業担当者たちは、「実際の返戻金＋損金処理によって得られた"節税"額」を「実質返戻率」という数字で表現し、そのメリットをアピールしました。

保険による正味の返戻率だけでは収支がマイナスになってしまうので、「"節税効果"を加味した実質返戻率はプラスになる」ということを強調したわけです。

このような全額損金タイプの保険は、過去に何度も現れては消えました。新たな保険商品が登場し、人気が高まるたびに、当局が「行き過ぎだ」と規制を講じて潰してきたからです。

そもそも保険は、被保険者が亡くなったり、重い病気やけがになったりし

たときの金銭的な保障を目的とする商品であって、節税のための道具ではありません。

　しかし、何らかの手段で節税をしたいという法人のニーズは強く、なるべく多くの契約を勝ち取りたい保険会社がそのニーズを汲み取る形で、本来の目的を逸脱していることは知りつつも、時代ごとに形を変えながら全額損金タイプの保険を投入してきたのです。

　最近では、国内最大手の生命保険会社が2017年に売り出した実質返戻率80％以上・全額損金タイプの新商品が人気を集め、それを受けて、他の保険会社も同様の保険を次々と発売しました。

　保険会社はここ数年、マイナス金利政策の影響などによって収益力が大きく落ち込んでいます。収益を少しでも上げるには、何としてでも保険を売らなければなりません。そこで、何度も売り出しては潰されてきた全額損金タイプの保険をもう一度復活させたわけです。

　新しい全額損金タイプの保険は、保険会社の積極的な営業攻勢によってたちまち大ブームとなり、1兆円近い市場に急成長しました。

　そして、保険本来の目的を大きく逸脱し、あまりにも〝節税効果〟を強調した営業活動が行われていることを見かねた当局は、2019年4月、全額損金タイプの保険商品を規制する新ルールを打ち出したのです。

　当局が打ち出した新たなルールとは、全額損金タイプの保険については、中途解約によるピーク時返戻率を50％以下にするというものです。

　以前は80％前後のピーク時返戻率が認められていたので、実質的な〝節税効果〟が得られていたわけですが、返戻率を大幅に下げることで、そのメリットを封じ込めたのです。

　当局の規制によって、〝節税効果〟を得るために保険を活用するスキームの有効性は、ほとんど失われてしまったと言っても過言ではありません。

　ところで、ここまであえて括弧書きで〝節税効果〟と記してきたように、

保険料の損金によって法人税の納税額を抑えるのは、実際には節税ではなく、あくまでも税の繰り延べにすぎません。

なぜなら、解約時に受け取った返戻金は益金とみなされ、最終的にはそれに対する税金を納めなければならないからです。

全額損金タイプの保険を販売してきた営業担当者の多くは、これを回避する策として、保険を中途解約した時点で、より返戻金の大きな次の保険に加入することを勧めてきました。

前の保険で得た返戻金で次の保険を買えば、利益を帳消しにできます。これを延々と繰り返せば、何年でも、何十年でも利益を先送りして、納税を繰り延べられるという考え方です。

しかし当局は、この保険を中途解約し、次の保険に乗り換えるという行為についても制限を設けてしまいました。

その意味でも、生命保険を税の繰り延べに利用する価値は、ほとんど消滅してしまったと言えます。

また、保険営業担当者の中には、「返戻金を受け取るタイミングで同額以上の役員退職金を支払えば、その損金によって返戻金の利益が相殺される」と提案する人もいるようです。

一見、理にかなった提案のようにも思えますが、これによってオーナー経営者が役員退職金を受け取ると、会社の納税負担は軽減されても、オーナー経営者個人の納税負担が増してしまいます。

さらに、そもそも保険に加入して、毎月・毎年保険料を支払うということは、その分、手元のキャッシュが減るということです。

どんなに税の繰り延べ効果が得られるとは言っても、それによって使えるキャッシュが乏しくなり、資金繰りに苦しむような事態に陥るのは避けたいところです。

税の繰り延べ効果を得るスキームを選ぶ際には、なるべく余分なキャッシュアウトが伴わないものを選別することが重要です。

【対策②】太陽光発電 ～収益は安定も、薄れる税繰り延べ効果

　減価償却効果によって税を繰り延べられるスキームにはさまざまなものがありますが、なかでも人気が高いもののひとつが太陽光発電です。

　ソーラーパネルなどの太陽光発電設備を導入し、その設備の減価償却を計上することによって、年度ごとの納税負担を抑えるというのが、このスキームの基本的な仕組みです。

　さらに、自社の店舗や工場に太陽光発電設備を設置すれば、自家発電によって電気代を抑えることができますし、余った電力については電力会社に売ることもできます。税の繰り延べだけでなく、事業運営コストの削減や収入の拡大にも結び付くわけです。

　しかも中小企業の場合、国の特例措置を受けられれば、導入にかかった費用を一度に減価償却（即時償却）できる可能性もあります。

　本業の売り上げが好調だったので、費用を増やして納税負担を先送りしたいとか、自社株評価を下げるため、一時的に利益を抑えたいといったニーズにかなっていると言えるでしょう。

　企業による太陽光発電設備の導入が今日のようなブームとなったのは、2011年3月11日に発生した東日本大震災がきっかけです。

　震災によって発生した大規模な津波により、東京電力福島第一原子力発電所が「レベル7」という最悪レベルの原発事故を起こし、わが国のエネルギー安全保障が重大な危機に陥ったことが、国が太陽光発電を含む「再生可能エネルギー」の活用に取り組み始める大きな契機となりました。

　その取り組みの一環として、震災の翌年の2012年7月には、再生可能エネルギーの固定価格買取制度（Feed-in Tariff、略称FIT）がスタートしました。

　これは、太陽光、風力、水力、地熱、バイオマスなどの再生可能エネルギー源を用いて発電された電気を、国が定める価格で一定期間電気事業者が

買い取ることを義務付ける制度です。

　制度開始当初、太陽光発電については、住宅用は1kWh（キロワット時）当たり42円（税込）、10kW以上の産業用は40円（税別）という固定買取価格が設定され、産業用については20年間、固定買取価格を据え置いたまま電気を買い取ることが決定されました。

　FITによって安定的な収益が見込めることも、多くの企業が太陽光発電設備を導入する動機となったことは間違いありません。

　一方で国は、税制面でもさまざまな優遇措置を講じることで、企業による太陽光発電設備の導入を積極的に後押ししました。

　とくに、一定の要件を満たせば、太陽光発電設備の取得金額の全額が、その使用を開始した年度に即時償却できる「グリーン投資減税」は、税の繰り延べ効果が非常に大きいことから、多くの企業が活用しました。

　太陽光発電設備の通常の償却期間は17年ですから、それをわずか1年で全額償却できるというのは非常に魅力的です。

　しかし残念なことに、この「グリーン投資減税」は2018年3月31日をもって終了してしまいました。

　ちなみに、太陽光発電装置には賃貸アパート・マンションなどの収益不動産よりも優れている点もあります。

　たとえば、賃貸アパート・マンションは、空室をいかに抑えるかということが管理面での大きな問題ですが、太陽光発電装置なら、そうした悩みを抱えることなく、安定的な収益を得ることができます。

　また、太陽光発電への投資は、金融機関からの借り入れが比較的しやすいことも大きなメリットでしょう。

　融資期間は10～15年で、会社の信用度にもよりますが、金融機関によっては全額融資を受けることも可能です。

　融資を受けることができれば、さほどのキャッシュアウトを伴うことなく、減価償却による税繰り延べ効果を享受できます。

　以上見てきたように、太陽光発電設備の導入は、安定収益源の確保、税の繰り延べによる手元キャッシュの確保、自社株評価の引き下げといった、中小企業のオーナー経営者のさまざまな悩みを一気に解決してくれる万能的なソリューションであることがわかります。

　とくに、FITが導入されたばかりの時期や、「グリーン投資減税」が利用できたときに太陽光発電設備を導入した企業は、非常に大きな恩恵を受けることができたはずです。

　しかし、これから太陽光発電設備を導入しようと考えている企業が、これまでと同じような恩恵を受けられるとは限りません。

　まず気になるのは、FITの開始以来、国が定める固定買取価格が年々下落していることです。

　1kWhあたり40円（10kW以上）でスタートした産業用の固定買取価格は14円（10kW以上500kW未満）まで下がっています（2019年度）。

　これほど下がったのは、そもそも制度開始当初の設定価格が高く、買い取りを義務付けられた電気事業者がそのコストを電気料金に転嫁したため利用者の不満が高まったことや、買取価格の高さに魅力を感じて太陽光発電装置を設置したものの、稼働させない業者が増えたことなどが理由です。

　【図2-2】 に示したように、太陽光発電の固定買取価格は、ほぼ毎年下がっており、これからもさらに下がる可能性があります。

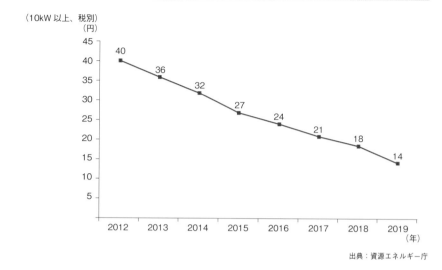

図2-2　太陽光発電の固定買取価格の推移

（10kW以上、税別）
（円）

出典：資源エネルギー庁

　同じ価格で20年間、電気を買い取り続けるという基本的な仕組みは変わらないので、安定的な収益源にはなりますが、始める年が遅れれば遅れるほど、得られる収益が小さくなる可能性があることには注意すべきでしょう。

　また、すでに「グリーン投資減税」が終了してしまったように、国による再生可能エネルギー関連の税制優遇措置や特例は、今後どんどん縮小されていく可能性があります。

　その意味でも、これから太陽光発電設備を導入するのは、やや遅きに失した感があると言えるかもしれません。

　ただし、中小企業の場合は、2021年3月31日までの期間限定で実施されている「中小企業経営強化税制」を利用することで、導入した太陽光発電装置の全額を即時償却できる可能性があります。

　この制度は、文字どおり、約7割が赤字経営であるわが国の中小企業の経営力を高めるために実施されているもので、制度の対象として認定を受ければ、太陽光発電装置に限らず、経営力強化のために「一定の設備」を新規導

入した場合、取得価額の全額を即時償却するか、取得価額の10％（資本金3,000万円超1億円以下の法人は7％）の税額控除を受けることができます。

ちなみに、ここで言う「一定の設備」とは【図2-3】のような設備です。

図2-3　中小企業経営強化税制が適用される一定の設備

類型	生産性向上設備（A類型）	収益力強化設備（B類型）
要件	生産性が旧モデル比年平均1％以上向上する設備	投資収益率が年平均5％以上の投資計画に係る設備
確認者	工業会等	経済産業局
対象設備	◆機械装置（※1、5）（160万円以上/10年以内） ◆測定工具及び検査工具（30万円以上/5年以内） ◆器具備品（※2）（30万円以上/6年以内） ◆建物附属設備（※3、5）（60万円以上/14年以内） ◆ソフトウエア（※4）（情報収集機能及び分析・指示機能を有するもの）（70万円以上/5年以内）	◆機械装置（※1、5）（160万円以上） ◆工具（30万円以上） ◆機械備品（※2）（30万円以上） ◆建物附属設備（※3、5）（60万円以上） ◆ソフトウエア（※4）（70万円以上）
その他要件	生産等設備を構成するものであること（事務用器具備品、本店、寄宿舎等に係る建物附属設備、福利厚生施設に係るもの等は該当しません。）/国内への投資であること/中古資産・貸付資産でないこと等	

※1　発電の用に供する設備にあっては、主として電気の販売を行うために取得等をするものを除く。
※2　電子計算機については、情報通信業のうち自己の電子計算機の情報処理機能の全部又は一部の提供を行う事業を行う法人が取得又は製作をするものを除く。医療機器にあっては、医療保健業を行う事業者が取得又は製作をするものを除く。
※3　医療保健業を行う事業者が取得又は建設をするものを除くものとし、発電の用に供する設備にあっては主として電気の販売を行うために取得等をするものを除く。
※4　複写して販売するための原本、開発研究用のもの、サーバー用OSのうち一定のものなどは除く。
※5　中小企業経営強化税制を利用して発電設備等の取得等を行う場合には、経営力向上計画の認定申請時に「発電設備等の概要等に関する報告書」及びその記載内容を証する書類の添付が必要となる。

また、認定を受けられるのは、以下の条件を満たした中小企業のみに限られています。

- 青色申告書を提出している
- 資本金もしくは出資金の額が1億円以下の法人（例外あり）
- 資本金もしくは出資金を有しない法人のうち
  常時雇用する従業員数が1,000人以下の法人
- 常時使用する従業員が1,000人以下の個人
- 協同組合等

以上の認定条件を満たし、この制度を利用すれば、導入した太陽光発電設備の取得価額の全額を、設備が稼働した年度に即時償却することができます。それによって所得を大幅に減らし、自社株評価を下げることも可能です。

また、取得価額の10％（または7％）の税額控除を選択すれば、直接的に納税額を抑えることもできます。

ただし、ここで注意したいのは、導入した太陽光発電装置によってつくる電気の全量を売る場合、認定の対象外となってしまうことです。

この制度では、設備を新規導入する事業が制限されており、売電を専門とする「電気業」は認定の対象に含まれていません。認定を受けるには、あくまでも自社の事業向けを主な目的として太陽光発電装置を導入しなければならないのです。その分、売電による収入は減るので、安定収益源の確保という導入メリットは薄れることになってしまいます。

また、自社の事業向けを主とする場合でも、その事業が制度の指定事業に含まれていなければ、認定を受けることはできません。

この制度の利用を検討する場合は、会社の事業が【図2-4】に示した「中小企業経営強化税制」の指定事業に該当するかどうかをチェックしてみてください。

図2-4　中小企業経営強化税制の指定事業

農業	沿海運輸業	専門・技術サービス業
林業	内航船舶貸渡業	宿泊業
漁業	倉庫業	飲食サービス業
水産養殖業	港湾運送業	生活関連サービス業
鉱業	こん包業	映画業
建設業	郵便業	教育
製造業	卸売業	学習支援業
ガス業	小売業	医療
情報通信業	損害保険代理業	福祉業
一般旅客自動車運送業	不動産業	協同組合
道路貨物運送業	物品賃貸業	サービス業
海洋運輸業	学術研究	

このほか、規模の大きな太陽光発電装置を設置するには、相応の広い敷地や屋根を必要とするなど、物理的な制約もあります。

そのため、郊外や地方の安い土地を取得して太陽光発電装置を設置する方もいらっしゃいますが、いざ売却しようとしたときに、郊外や地方の物件では買い手がなかなか見つからず、出口戦略に困るケースも多いようです。

　以上のようにさまざまな制約があることを考えると、太陽光発電は必ずしも、すべての中小企業にとって使い勝手のよいスキームとは言い切れないかもしれません。

　むしろ、業種などの制約が一切なく、特別なノウハウがなくても始められる収益不動産の活用のほうが、より敷居が低く、使い勝手もよいのではないでしょうか。

【対策③】オペレーティングリース ～多額の資金拘束がネック

　「オペレーティングリース」とは、航空機や船舶、コンテナなどを購入して、航空会社、船会社などに貸すリース取引の一種です。

　通常のリース取引は、専業のリース会社が金融機関から借りた資金で航空機などの物件を購入した後、そのまま借り手（法人や個人）に貸与し、契約で定めたリース期間中に、物件価値に金利を上乗せした月々のリース料を徴収するという仕組みです。

　これに対しオペレーティングリースは、金融機関から資金を借りる以外に、法人の投資家から出資を募り、その資金を合わせてリース物件を購入します。

　投資家には、出資額に応じて利益が分配されるだけでなく、購入した物件の減価償却費も出資口数に応じて分け与えられます。

　分け与えられた減価償却費を損益計算書に計上すれば、利益の繰り延べが可能となるわけです。

　オペレーティングリースの歴史は1980年代に始まり、その市場規模は約4,000億円と、いまではすっかり人気の高い“節税スキーム”のひとつとして定着しています。

　実際には節税ではなく、「税の繰り延べ効果」が得られるにすぎませんが、一時的にまとまった額の減価償却を行うことで、自社株の評価を下げ、事業

承継をしやすくするといった活用法があります。

　以下、その仕組みと効果、活用法について詳しく見ていきましょう。

　オペレーティングリースの仕組みをわかりやすく示したのが【図2-5】です。

　まず、取引をアレンジするリース会社などがSPC（特別目的会社）を設立し、このSPCをオペレーティングリースの営業者とします。

　営業者は、法人投資家から出資を募り、さらに金融機関（レンダー）からの融資を受け、それらを合わせた資金で航空会社や船会社などの借り手（レッシー）に貸与する航空機、船舶などの物件を購入します。

　日本のオペレーティングリースは、「匿名組合契約」の仕組みを利用して組成されるスキームのため、法人投資家は、匿名組合の組合員のひとりとして営業者に出資します。

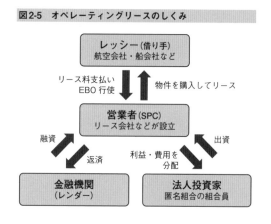

図2-5　オペレーティングリースのしくみ

　匿名組合契約とは、商法に規定された契約形態のひとつで、「当事者の一方（匿名組合員）が、相手方（営業者）の営業のために出資をし、その営業から生ずる利益を分配することによって、その効力を生ずる」契約のこと（商法535条）です。

　この契約形態に基づいて、営業者はレッシーから受け取る月々のリース料の一部を匿名組合員（投資家）に分配します。

　それぞれの匿名組合員は、互いに顔も名前も知らないまま、ひとつのオペレーティングリース案件に共同出資する形となります。

　オペレーティングリースがこのような契約形態を採用しているのは、リース取引によってもたらされる収益や税繰り延べ効果などのメリットを、一般の投資家に広く提供することが目的だからです。

　航空機や船舶のリース取引を行うには、物件を調達するのに数十億円、数百億円の資金が必要ですが、これほど大きな資金を、中小企業などの法人投資家が単独出資することはほぼ不可能です。

　また、そもそも一般の法人投資家はリース取引のノウハウを持っていないので、案件を組成することすらできません。

　そこで、取引経験の豊富なリース会社などがアレンジャーとなり、匿名組合契約のもと、不特定多数の法人投資家から出資を募るという仕組みを作り上げたのです。

　一方、案件を組成するアレンジャーにとっては、一般の投資家からも広く出資を募ることによって、物件購入に必要なまとまった資金を確保しやすくなるというメリットがあります。

　ちなみに、オペレーティングリースで調達される資金の内訳は、匿名組合員からの出資が約2〜3割、金融機関からの借り入れは約7〜8割といったところです。結果的に、匿名組合員は出資額に対して約2〜3倍の価値を持った物件を取得することになり、レバレッジ効果（小さな資金で、より大きな資産に投資できる効果）によって、個々の投資家が得られる収益や、計上できる減価償却の額も相対的に大きくなります。

　かつてはその効果が極めて大きかったので、日本のオペレーティングリースは、「レバレッジドリース」と呼ばれていた時代もありました。現在は、法改正によってレバレッジ効果を抑えられ、とくに減価償却については、以前ほどの大きな効果は得られなくなっています（詳しくは後述します）。

　では、オペレーティングリースでは、どのように収益や税繰り延べ効果が

得られるのでしょうか？　代表例として、航空機のオペレーティングリースを見てみましょう。

近年、世界的な格安航空会社（LCC）の台頭もあって、航空機需要はますます高まっています。とくに機内の通路が1本しかない「ナローボディ」と呼ばれる中型機のニーズは高く、新興国のLCC向けなどを中心とする中型機オペレーティングリースの組成が増えているようです。

オペレーティングリースのリース期間は、原則的に取得する物件の法定耐用年数に基づいて設定されます。

ナローボディの場合、新造機の法定耐用年数は8年なので、リース期間も8〜10年で設定されることが多いようです。

その間、月々のリース料金の一部が営業者から支払われ、長期にわたって安定的なインカムゲインを得られることがオペレーティングリースのメリットのひとつだと言えます。

また、オペレーティングリースでは、インカムゲインだけでなく、キャピタルゲインも期待できます。リース期間が満了すると、レッシーは借りていた航空機をそのまま買い取るか、営業者に返納しなければなりません。返納された場合、営業者はその航空機を中古市場で売却します。

どちらの場合でも、中古機としての売却価格と、リース期間中に受け取ったリース料金の合計が元の取得価格を上回れば、最終的に投資元本を上回る利益を得たことになります。

とくに近年、ナローボディの中古価格はLCCの需要とともに上昇基調にあるので、高値で売却することによって、より大きなキャピタルゲインを得られる可能性もあるようです。

さらにオペレーティングリースでは、レッシーがリース契約を中途解約し、物件を買い取る「早期購買選択権」（EBO）というオプションが設定されるのが一般的です。仮にレッシーがこのオプションを行使した場合、その時点での匿名組合による出資残高と金融機関からの借入残高の合計に相当する価格で物件を買い取ります。営業者はこれを原資として、リース契約の中途で匿名組合員に出資金のほぼ全額を払い戻します。

　EBOを行使するかどうかはレッシーの判断次第ですが、仮に行使されれば、予定よりも早く投資回収を実現できるわけです。

　その一方で今後、中古機の相場が下がれば、想定を下回る安値での売却によってキャピタルロスが発生し、元本が回収できなくなるリスクもあります。万が一営業者が損失を被った場合は、その負担も匿名組合員が出資口数に応じて負わなければなりません。

　さらに、レッシーの経営状況や財務状況によっては、リース料の滞納や遅延などによって損失が発生する可能性もあります。

　世界の航空市場は、新興国などの旅客の増加とともに拡大の一途をたどっていますが、一方で急増する航空会社同士の競争も激しさを増しているので、安泰な経営が続くとは限りません。

　このほか、航空機オペレーティングリースは、海外の航空会社をレッシーとしているので外貨建ての商品が多く、為替リスクがある点にも注意したいところです。

　いずれにしても、オペレーティングリースはさまざまなリスクを持つ投資商品のひとつであり、元本が保証される商品ではないということは頭に入れておくべきでしょう。

　では、オペレーティングリースを利用すると、どの程度の減価償却効果が得られるのでしょうか？

　先ほども述べたように、かつてはオペレーティングリースならではのレバレッジ効果によって、出資額以上の減価償却費を取れることがありました。

　しかし、それはあまりにも行き過ぎだということで税務当局による規制が講じられ、現在では出資額が上限となっています。

　たとえば、出資額が1億円であれば、営業者から分配される減価償却費の上限も1億円までとなります。

　リースする物件が新造の中型機の場合、法定耐用年数に応じて8年かけて償却していくことになりますが、法定耐用年数を超過した中古機であれば、

最短2年償却となり、出資初年度に出資額の70～80%、2年度目に残り20～30%を償却できます。

出資額が1億円なら、初年度が7,000万～8,000万円、2年度目が2,000万～3,000万円ですから、利益圧縮効果は非常に高いと言えます。

ただし、その効果を得るためには、数千万円から数億円の出資をしなければなりません。

オペレーティングリースへの投資については、銀行からの借り入れがほぼ不可能なので自己資金で賄うしかありませんが、それほどのお金を用意できるのかどうかということが、まず大きな関門です。

また、オペレーティングリースは中途解約ができないので、レッシーがEBOを行使しない限り、出資したお金はリース期間中、凍結されることになってしまいます。

航空機の場合、リース期間は通常8～10年なので、2年度目で償却が終わったとしても、その後6～8年間は多額の資金を寝かせたままにせざるを得なくなります。

万が一、会社に不測の事態が起こって現金が必要になったとしても、オペレーティングリースに投資したお金に頼ることはできなくなるわけですから、事業の見通しや将来のキャッシュ需要を踏まえて、投資すべきかどうか、よく検討する必要があります。

【対策④】収益不動産
～収益を上げながら、税対策もできる選択

繰り返しになりますが、収益不動産活用の最大のメリットは、何と言っても、限られた資金の投下によって、①収益の安定化、②税金対策、③自社株を含む相続・贈与対策――という、中小企業のオーナー経営者が抱える3つの悩みを一気に解決できることです。

　収益不動産の取得にあたっては、生命保険やオペレーティングリースのような多額の保険料の支払いや初期投資は必要としません。

　たとえ自己資金が足りなくても、金融機関からの借り入れによって、資金の8～9割を賄うことが可能です。場合によっては全額借り入れることもできます。

　その分、手元により多くのキャッシュを確保できるので、日々の資金繰りの苦労を抑えることができます。

　また、投資には、収益不動産や太陽光発電、オペレーティングリースといった現物資産への投資のほかに、株式、FX（外国為替証拠金取引）、仮想通貨といった金融資産への投資もありますが、これらの中でも、金融機関から資金を借りて投資ができるのは、収益不動産と太陽光発電のみです。

　なかでも収益不動産は、借り入れによって自己資金の10倍近い物件を取得できるのですから、レバレッジ効果は抜群です。

　仮にレバレッジ倍率が10倍（1の自己資金で10の価値を持った収益不動産を取得）だとすると、グロスの収益もほぼ10倍になります。

　わかりやすく単純化すると、2,000万円の自己資金で区分所有マンションを取得しても家賃収入は1室分ですが、金融機関から1億8,000万円を借り入れ、計2億円の資金で10室の一棟もののマンションを買えば、家賃収入はその10倍になるわけです。

　もちろん、借り入れをすれば月々の返済が発生しますし、その他の費用の大きさなどによって"手残り"の額は異なってきますが、それでも、たった1室と10室とでは、得られる収入に大きな開きが出ます。

　しかも、高いレバレッジ効果が得られる割には、株式やFXなどと比べると、価格変動による損失が相対的に小さいのも収益不動産のメリットです。

　たとえば株式投資では、買った銘柄の価格が業績の悪化や相場の急変動によって半値近くまで下がってしまうといったことは、よくある話です。

　仮に信用取引で、100万円の保証金を入れて300万円の株を買った場合、株価が一定以上下落したら、追証（追加証拠金）を入れなければなりません。

その点、収益不動産は、株のように市場価格が一気に半値まで下落するようなことは、まず考えられません。景気や市況の悪化とともにじりじり下がることはあっても、価格が急変動することはほとんどなく、ほかのレバレッジ投資に比べて価格変動リスクが小さいことが魅力のひとつだと言えます。

　また、株やFX、仮想通貨などは、買った価格と売る価格との差額（キャピタルゲイン）を稼ぐ投資が基本ですが、収益不動産は、キャピタルゲインだけでなく、月々の家賃収入というインカムゲインも得られます。

　もちろん、株式にも配当というインカムゲインはありますが、投資した企業の業績や財務状況によって配当額は変わり、業績が著しく悪化した場合には無配となることもあります。つまり、必ずしも安定的な収益源とは言い切れないのです。

　これに対し、収益不動産の家賃収入は、入居者さえしっかり確保できれば安定的に入ってきます。立地や建物さえ間違えなければ、長期にわたって十分なキャッシュフローを確保することができます。

　いくらもらえるかわからず、もらえるかどうかもわからない配当金では当てにしようもありませんが、毎月、決まった額が定期的に入ってくる家賃収入なら、資金繰りの計画も立てやすくなるはずです。

　これは中小企業のオーナー経営者にとって、願ってもないほど大きな魅力だと思います。

　一方、高いレバレッジ効果が期待できる収益不動産は、その分、大きな減価償却費を取りやすくなるのも魅力のひとつと言えるでしょう。

　言うまでもなく、1室の区分所有マンションよりも、10室の一棟ものマンションのほうが、はるかに建物部分の金額は高く、その分、1年あたりの減価償却額も大きくなります。

　金融機関から資金の大部分を借り入れられるメリットをフルに活用すれば、自己資金で物件を取得するのに比べて、"税の繰り延べ効果"も格段に高まるわけです。

　そのうえ、どんな物件を選ぶかによって、1年あたりに取れる減価償却費の大きさもかなり違ってきます。一度にまとまった額の減価償却を行えば、自社株評価を大きく下げることも可能です（詳しくは後述します）。

　かつては、オペレーティングリースでも、レバレッジ効果を効かせることで出資額以上の減価償却費を取ることが可能でしたが、先ほども述べたように、法改正によって現在では不可能となっています。

　その意味でも、自己資金を上回る減価償却費が取れる収益不動産は、非常に魅力的な投資対象であると言えます。

　以上、収益不動産のさまざまなメリットについて見てきました。

　じつはこのほかにも、収益不動産の活用には、ほかの"節税"スキームや投資対象にはない大きなメリットがあります。

　それは、「自らの創意工夫で収益性を高められる」という点です。

　株やFX、仮想通貨などの投資の場合、自ら行動を起こして投資対象の価値を高めるのはまず難しいと言えます。

　たとえば、自動車メーカーの株を保有していたとしても、自分がその会社のクルマを1台買ったからと言って、株価に影響を与えることはできません。

　ブログやSNSを駆使してその会社がいかに素晴らしいかを積極的にアピールしても、株価に与えられる影響はないでしょう。

　一方、収益不動産は、自らの創意工夫によって、いくらでも収益を高めることができます。

　安定的な家賃収入を確保するには、空室をなくし、つねに満室状態を保つことが不可欠ですが、その実現のために、入居者に人気のある設備を導入する、魅力的なリフォームを施す、募集広告に工夫を凝らすといった、能動的なアプローチが可能です。

　ほかの投資対象のように他力本願ではなく、自ら積極的に仕掛けていくことによって、収益を最大化できるのです。

自らの工夫で改善を図れるということは、言い換えれば、投資にかかわるさまざまなリスクを自らの手で抑えられるということです。

　詳しくは第3章で解説しますが、収益不動産の活用にも、さまざまなリスクが存在します。

　入居者が確保できず、家賃収入が途絶えてしまう「空室リスク」や、建物の老朽化や魅力の低下とともに生じる「家賃下落リスク」などがその最たるものですが、これらのリスクも創意工夫次第で抑えることができます。

　また、収益不動産は、取得した物件の運営管理をすべて専門の管理会社に任せられるのも大きなメリットです。経験豊富で信頼の置ける管理会社なら、リスクを抑えるためのさまざまなアイデアを提供し、実践することで、オーナーの収益を最大化してくれるはずです。

　以上のようなメリットを踏まえ、第3章では、収益の安定化、税金対策、自社株を含む相続・贈与対策に適した収益不動産の選び方など、中小企業のオーナー経営者による不動産投資の基本について解説します。

会社の安定収益源となる

不動産投資・
賃貸経営の基礎知識

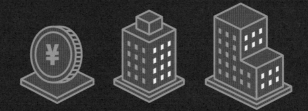

🔑 安定収益が見込める立地を選定する

　この章では、不動産投資と賃貸経営の基本について解説していきます。

　すでに述べたように、不動産投資には、大きく分けると、取得した物件を高値で売却することによってキャピタルゲインを得る方法と、取得した物件を賃貸して安定的なインカムゲイン（家賃収入）を得る方法の2つがあります。

　"バブル景気"に沸いた1980年代後半までは、「土地の値段は永遠に上がり続ける」という「土地神話」が信じられ、マンションやビルの販売価格がどんどん高騰していたので、キャピタルゲイン狙いの不動産投資が主流でした。

　しかし、バブル崩壊とともにその神話はあっけなく崩壊し、1990年代以降、日本の土地の値段は下がり続けています。

　安倍晋三内閣がいわゆるアベノミクスを打ち出し、2020年東京オリンピック・パラリンピックの開催が決定した2010年代半ばごろから、ようやく首都圏、近畿圏などでは土地の値段が上がるようになりました。

　しかし、全国的に見ると、「少子・高齢化」とそれに伴う「人口減少」によって地方経済の活力が失われてきたことなどから、土地の値段が下げ止まらない状況が続いています。

　こうした状況の中では、キャピタルゲイン狙いの不動産投資で収益を確保するのは、なかなか難しいのではないかと思われます。

　その点、物件を賃貸して家賃収入を得る投資方法であれば、不動産市況の変化にかかわらず、安定的なインカムを確保することができます。

　立地や物件の種類の選定さえ間違えず、物件のクオリティをしっかりと保てば、ローンの返済や各種費用、税などの支出を差し引いても十分な"手残り"（利益）が確保できて、月々のキャッシュが回りやすくなります。

　これは、資金繰りに悩まされ続けている中小企業のオーナー経営者にとっ

て、非常にありがたいことでしょう。

　では、そうした安定収益が見込めるのは、どんな立地、どんな種類の物件なのでしょうか？　まずは、立地について考えてみましょう。

　立地を考えるうえでまず気をつけたいのは、「自分が住みたいエリア」と「投資するエリア」を分けて考えるということです。

　投資家の中には、この2つを完全に混同し、自分が住みたいエリアの物件に狙いを定めてしまう人が少なくありません。

　しかし、自分が住みたいエリアは、ほかにも住みたい人が集まる人気エリアであることが多いので、どうしても物件価格は高くなってしまいます。

　物件価格の高さに比例して家賃も高くなれば投資対象として十分考えられますが、実際はそのようにはなりません。

　ここで、まったく同じ物件が不人気エリアと人気エリアにあったと仮定してみましょう。不人気エリアでは物件価格が5,000万円、人気エリアでは2倍の1億円で取引されていたとしても、不人気エリアでの家賃が5万円なら、人気エリアの家賃が2倍の10万円になるかといえば、そんなことはありません。高くなっても、せいぜい2万〜3万円程度です。

　物件価格が高い割に家賃収入が少ないと、利回りは低下します。利回りの低い物件を、金利3〜4％の融資を受けて無理に購入すると、キャッシュフローは出なくなってしまいます。

　立地を選定するうえでは、「自分が住みたいかどうか？」よりも、投資効率の高さに着目しなければなりません。

　さらに立地選定では、「安定的な賃貸需要が見込めるかどうか？」という点に注目する必要があります。この観点から見ると、全国ではどの地域が有望なのでしょうか。

　最も有望と言えるのは、人口減少時代に入っても、地方からの流入によって人口が増え続けている都市圏です。なかでも首都圏と関西圏は、長期にわ

たって安定的な賃貸需要が見込める2大有望エリアです。

　東京を中心とする首都圏は、テレビや新聞、インターネットなどでヒト・モノ・カネの「一極集中問題」がたびたび報道されているように、地方からの人口流入が続いています。

　東京オリンピック・パラリンピック終了後には、首都圏の地価や住宅の賃貸需要が下がるのではないかという見方もありますが、一時的な調整はあっても、長期的には賃貸需要は高まり続けると見ています。

　なぜなら、「少子・高齢化」によって地方経済が疲弊すれば、職を求めて首都圏に向かう人の数はますます増えるはずだからです。

　また、地方経済が疲弊すると、医療や介護などの社会保障サービスが満足に受けられなくなり、バスの運行本数が減って外出が面倒になるなど、生活がどんどん不便になっていきます。

　そうなると、高齢者を中心に、手厚いサービスが受けられて生活も便利な首都圏を目指す人がますます増えるはずです。結果的に、首都圏の賃貸需要は長期にわたって安定することが期待できるわけです。

　もちろん、賃貸需要が安定すれば、地価や家賃相場も下がりにくくなるので、十分なキャッシュフローが見込めます。

　一方、首都圏に次ぐ約2,000万人の人口を抱える関西圏（【図3-1】参照）は、2府4県全体で見ると中長期的には人口が減っていくとみられますが、京阪神エリアに限って見ると人口減少は比較的緩やかです。

図3-1　三大圏（首都圏・関西圏・東海）の面積、人口、地域内総生産の比較

【三大経済圏の経済指標】

	首都圏（全国比）〈東京、神奈川、千葉、埼玉〉		関西圏（全国比）〈大阪、京都、兵庫、奈良〉		東海（全国比）〈愛知、三重、岐阜〉		全国
面積（km²）2019年7月1日現在	13,566	3.6	18,609	4.9	21,569	5.7	377,975
人口（千人）2018年10月1日現在	36,584	28.9	18,227	14.4	11,325	9.0	126,443
地域内総生産名目2016年度	1,821,607	33.1	740,710	13.5	552,521	10.0	5,498,662

出典：経済産業省中部経済産業局「東海経済のポイント2019（3大経済圏比較）」より

　京阪神エリアには、100万人以上の都市が3つ、さらに30万人以上の県庁所在地が3つもある都市群ですから、長期的には人口減少が予測されているとはいえ、その減少率は全国のほかの都市と比べると低いと考えられます。

　さらに、関西は人口だけでなく、経済規模でも首都圏に次ぐ国内2位（国内総生産比で約20％）の巨大都市圏です。7,500億ドル近い関西圏の経済規模は、オランダやトルコなど1国の経済規模にも匹敵します（【図3-2】参照）。

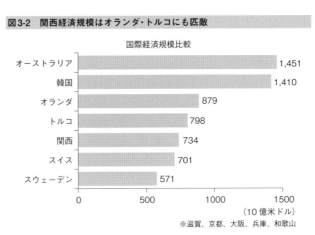

図3-2　関西経済規模はオランダ・トルコにも匹敵

国際経済規模比較

国	10億米ドル
オーストラリア	1,451
韓国	1,410
オランダ	879
トルコ	798
関西	734
スイス	701
スウェーデン	571

※滋賀、京都、大阪、兵庫、和歌山

　このように関西エリアは、「人口」「経済」のそれぞれにおいて高いポテンシャルを持ち、その結果として京阪神エリアを中心に賃貸需要も底堅い状況が続くものと期待されます。

🔑 どんな種類の物件がベストなのか？

　次に、物件の種類について考えてみましょう。

　収益不動産には、大きく分けるとオフィスビル・商業ビルなどの「事業系」と、アパート・マンションなどの「住居系」の2種類があります。

　事業系は、財閥系不動産会社など資金力のある不動産会社であれば有益に運用できますが、中小企業にはあまり適していないと思います。

なぜなら、事業系の物件は立地がよければ資産性が保たれますが、一般的に利回りが低く、購入金額に対して自己資金を多く入れなければ、キャッシュフローが出にくいからです。

　反対に、立地が悪ければ利回りは上がりますが、空室リスクが高くなり、長期間にわたって空室となることも覚悟しなければなりません。

　当社は、これらの点を踏まえ、中小企業が経営課題を解決するために活用する物件としては、賃貸アパート・マンションなどの住居系収益不動産を推奨しています。

　【図3-3】に示したように、ひと口に賃貸アパート・マンション物件と言っても、「新築か、中古か」「区分所有するのか、一棟まるごと購入するのか」によって、メリット・デメリットは大きく異なってきます。

　それぞれの良し悪しについて、詳しく見てみることにしましょう。

図3-3　投資対象物件ごとのメリット・デメリット

投資対象	メリット	デメリット	判定
新築区分	・手軽に始めやすい ・信販系ローンで借りやすい	・節税は初年度のみ ・毎月1万円程度の持ち出し ・物価下落率が激しく売るに売れない ・担保価値なし ・賃貸経営の実績として評価されない	✕
中古区分	・手軽に始めやすい（数百万円から現金購入できる） ・物件数が多く選びやすい ・立地の良いところが多く、入居付けが比較的容易	・保有戸数が少ない時は、経営が不安定（ゼロサム） ・一定数以上の戸数を保有しなければ経営が安定しない ・経費率が高い（管理費・修繕積立金・賃貸管理費） ・将来の大規模修繕リスク（修繕積立金の不足） ・自由度が低い（室内のみの工事） ・担保価値なし（ノンバンクの添え担保程度）	△
新築1棟	・新築初期は賃料が高く取れる ・築5年程度までは入居付けが比較的容易 ・当初は大規模修繕費用などは不要 ・1回の取引で複数戸所有できる⇒経営の安定、スピード ・融資が長期間で組みやすい	・新築プレミア賃料がなくなれば、賃料は下がる ・物件価格に対する建物割合が高く、経年により価値が下がる ・単年減価償却が少ない（長期にわたって経費化）	◯
中古1棟	・家賃下落が少ない（下がりきっていることが多い） ・単年の減価償却費が高く取れ節税効果が高い ・1回の取引で複数戸所有できる⇒経営の安定、スピード ・物件価格に占める土地割合が高い⇒資産性を保ちやすい	・突発的修繕リスクがある（小規模な工事） ・大規模修繕リスクがある（屋上、外壁、配管） ・金融機関によっては融資期間を長期で組めない場合がある	◯

新築区分マンション

　「不動産投資ブーム」の高まりとともに、単身用新築区分マンション（いわゆるワンルームマンション、以下・新築区分マンション）への投資が活況を呈しています。

　区分所有マンションは、一棟まるごと購入するのに比べて物件価格が安く、融資の条件も比較的緩やかなので、自己資金の少ない会社員個人でも取得しやすいからです。

　将来受け取れる年金が減るのではないかといった不安を抱き、老後への備えとして新築区分マンションを購入する人が増えており、その好機を逃すまいと、販売会社は見込み客へのセールスに力を入れているようです。

　しかし、一部の例外を除くと、新築区分マンションには絶対に投資すべき

ではありません。

　当社に相談に来るお客さまの中にも、販売会社から勧められて、すでに新築区分マンションを購入してしまった方が大勢いらっしゃいます。

　一例として、当社のご相談に来られた会社員の方の失敗事例を紹介しましょう。

　大阪在住のFさんは、すでに2戸購入している会社の上司から勧められ、東京都大田区の新築区分マンションを購入しました。上司に紹介された販売会社の営業担当者から、

「月々わずかの負担でマンションオーナーになれる」
「節税ができる」

　といったメリットをアピールされ、「周りもやっているし、問題ないだろう」と考え、すぐ契約してしまったのです。

　はたして、本当にそれらのメリットが受けられるのか、Fさんの物件をもとに見ていきましょう。

　Fさんの年収や資産状況、取得した物件の価格、想定される家賃収入、金融機関からの借入金額などは【図3-4】のとおりです。

図3-4　Fさん（35歳・大手メーカー勤務）のケース	
給与年収	800万円（給与所得：600万円）
現預金	200万円
保有物件	2016年築投資用区分マンション（東京都大田区）
購入価格	2,500万円（購入諸費用：100万円）
家賃収入	年間100万円（一括借上による家賃保証付）
借入金額	2,500万円（金利2.1％、返済期間35年）

　購入を勧めた販売会社の営業担当者は、空室リスクをなくすため、系列の管理会社が物件を一括借上して年間100万円の家賃を保証することに加え、「毎月1万2,500円ほどの『自己負担』で、東京で資産が持てる」というメリットを訴求してきました。

　実際の収支は【**図3-5**】のとおりです。毎年100万円の家賃収入が入ってきますが、借り入れの返済だけで年間1万円の赤字、その他の費用や固定資産税・都市計画税などを合わせると、年間15万円の赤字です。

図3-5　Fさんの新築区分マンション経営による年間収支

収入	家賃	100万円
支出	借入返済	▲101万円
	管理費・修繕積立金など	▲10万円
	固定資産税・都市計画税	▲4万円
収支合計		▲15万円 （月あたり1万2,500円の持ち出し）

　つまり、「自己負担」とはあくまでも言葉のマジックで、毎月1万2,500円ずつの赤字が出ていることを「負担」と言い換えたにすぎないのです。

　「月々1万2,500円の自己負担でマンションが持てる」と言われると、負担感があまりなく不動産が持てる、という錯覚に陥る人がいるかもしれません。

　しかし、実際には家賃収入より支出が大きく、キャッシュフローがマイナスで、持ち出しが1万円以上もあります。

　1万円程度であれば払い続けられる金額であり、借入金の返済はいずれ終わるので、「ゆくゆくは無借金で不動産が持てるのだからよいのでは？」と思われるかもしれません。しかし、残念ながら、それはあくまで「完済まで持ちこたえることができれば」の話です。

　Fさんのケースと同じように、通常、こうした新築区分マンションの購入初期には、管理会社の一括借り上げによる家賃保証が付いています。

　しかし、家賃保証の金額は必ず見直しが入り、ほとんどの場合は2年ごとなどの契約更改時に減額させられます。場合によっては、保証を切られることもよくあることです。そうなれば、空室になったときには次の入居者が決まるまで毎月9万円弱の返済金を自己資金から捻出しなければなりません。

　そのうえ、新築時の管理費や修繕積立金などは年間10万円となっていますが、建物の老朽化とともに3〜5年サイクルでどんどん上がっていくので、負担は大きくなる一方です。果たして完済まで持ちこたえられるかどうか、

疑問を抱かざるを得ません。

　では、営業担当者のもうひとつのアピールポイントである「節税」についてはどうでしょうか？

　繰り返し説明してきたように、収益不動産を取得すると、その減価償却費を計上することで個人所得税・住民税の課税所得を抑えることができます。

　Fさんの場合、年間の不動産所得がマイナスとなるので、その損失分を給与所得と損益通算できます（厳密に言えば、土地購入のための金利負担分は損益通算できませんが、ここでは理解しやすくするため、全額損金通算できるものとして説明します）。

　つまり、「節税できます」という販売会社の言葉は、不動産経営の赤字を損益通算することで課税所得を圧縮し、それによって個人所得税・住民税の納税額が減額できるということを意味しているのです。

　実際、【図3-6】のように、物件購入初年度に関しては、購入諸費用などのイニシャルコストも、かさむため不動産所得が大きくマイナスとなります。詳細の計算は割愛しますが、新築区分マンションを購入する前の個人所得税・住民税の納税額が92万円だったのに対し、購入1年目は62万円と、じつに30万円も減っています。

図3-6　新築区分マンションを使った節税のイメージ

	不動産購入前			購入1年目			購入2年目	
給与所得	600万円			600万円			600万円	
不動産所得	—			▲100万円			▲40万円	
社会保険料	110万円			110万円			110万円	
課税所得	約450万円			350万円			410万円	
	内訳	給与所得	600万円	内訳	給与所得	600万円	内訳	給与所得	600万円
		不動産所得	—		不動産所得	▲100万円		不動産所得	▲40万円
		社会保険料	▲110万円		社会保険料	▲110万円		社会保険料	▲110万円
		基礎控除	▲38万円		基礎控除	▲38万円		基礎控除	▲38万円
所得税・住民税	92万円			62万円 (節税効果 30万円)			80万円 (節税効果 12万円)	

> 確かに節税はできているが、節税金額以上のお金が出ていっている状態。
> この状態では節税できても得しているとは言えない。

　しかし、一見30万円の節税効果があったように思えますが、購入初年度には、多額の諸費用を払ったことなどで不動産所得が100万円ものマイナスになっています。つまり、30万円の節税のために100万円のキャッシュが出ていってしまっているのです。

　同様に、2年目も12万円の節税を図るために40万円（先ほど述べた年間15万円の赤字に、その他の支出を加えた金額）がキャッシュアウトしているので、トータルでは完全にマイナスです。

　さらに、3年目以降はこのマイナスの度合いが大きくなっていきます。その結果、生活はどんどん苦しくなり、月々の返済も滞って、最悪の場合は自己破産に陥ってしまうこともあります。

　あまりにも苦しいので、物件を売り払ってしまいたいと考える方もいらっしゃいますが、新築区分の物件価格は下落が激しく、数年で20〜30％下がってしまうケースも珍しくありません。

　結局、売るに売れず、物件は差し押さえられて、自己破産への道をまっしぐらに進んでしまうケースが後を絶ちません。

　そうした悲劇を招かないようにするため、新築区分マンションには絶対に

手を出さないことです。

中古区分マンション

　新築区分マンションと同様に、中古区分所有マンション（以下・中古区分マンション）への投資を検討する方も多くいらっしゃいます。安いものは数百万円から購入可能で、手軽に投資を始められることが魅力のようです。

　しかし、「長期的に資産を大きく増やしたい」という希望をお持ちだとすれば、残念ながら中古区分マンションはそれに適しているとは言えません。

　仮に「老後までに月100万円の家賃収入が得られるだけの物件を取得したい」という目標を立てたとしましょう。

　中古区分マンションは、新築区分と比べると、どうしても家賃を安く設定せざるを得ません。1室あたりの家賃を5万円とすると、月100万円の目標を達成するためには20室を取得しなければなりません。

　その分、長い時間を要するだけでなく、まとまった室数を一括取得できる一棟ものに比べて、取引の効率が悪いことも中古区分マンションの難点です。

　1件の取引で必要となる手続きは、物件選定から契約手続き、融資打診、融資承認、決済引き渡しに至るまで複雑多岐にわたります。それを取引のたびに行うのは相当の手間と言えます。とくに、中小企業が収益不動産を活用しようとすれば、ある程度の金額規模でなければ十分な効果は期待できません。

　また、これは新築区分についても言えることですが、中古区分マンションは空室リスクの高さも問題のひとつです。

　一棟のアパート・マンションなら、10室のうち1～2室が空いたとしても空室率は10～20％ですが、1室しかない区分マンションは、入居者が退去した時点で空室率が100％になってしまいます。そして、たちまち収入がなくなってしまうのです。

　また、これも新築・中古を問わず言えることですが、区分マンションには経営の自由度が低いという難点もあります。

　第2章で述べたように、不動産投資は自らの創意工夫で収益性を高められ

ることが、ほかの投資にはない大きなメリットです。ところが区分所有の場合、管理組合があるため、外壁をおしゃれに造り替えるといった共用部分のリフォームは、オーナーの一存ではできません。

その点、一棟アパート・マンションなら、建物のすべてをオーナーが所有するため、室内だけでなく、外壁や外廊下などの共用部分もオーナーの判断で自由にリフォームできます。

中古物件は、建物の老朽化やデザインの陳腐化によって、入居者を確保しにくくなる例が多いものです。本来なら、魅力を高めるために建物全体をリフォームしたいところですが、それを思うようにできないのは中古区分マンションの致命的なデメリットだと言えるでしょう。

さらに、区分マンションは、一棟アパート・マンションに比べて運営費の割合が相対的に高くなりやすいのも問題です。【図3-7】は、中古区分マンションの運営費の一例です。

図3-7　中古区分マンションの運営費の一例

物件概要	
物件価格	800万円
購入諸費用	50万円
総投資額	850万円
収入	
年間家賃収入	72万円（月6万円）
表面利回り	9.00%
支出	
管理費	10.8万円（月9,000円）
修繕積立金	7.2万円（月6,000円）
管理手数料	3.6万円（月3,000円）
固定資産税・都市計画税	6万円
支出合計	27.6万円
投資指標	
NOI（収支－支出）	44.4万円
	（家賃収入72万円－運営費27.6万円）
FCR（NOI÷総投資額）	5.22%
	（44.4万円÷850万円）

　この例では、家賃収入に対する運営比率が38％（27万6,000円÷72万円）にも及んでいます。これは、一棟アパート・マンションにはない管理組合に支払う管理費・修繕積立金の負担が大きいからです。当然ながら、運営比率が高くなればなるほど、得られる収益は小さくなってしまいます。

　以上のことから、中小企業のオーナー経営者にとっては、収益性および手間、規模感を考えると、中古区分マンションはあまり推奨できるものではありません。

　ちなみに、最近はオフィスビルなどの事業系収益物件を区分化して、一括借り上げの家賃保証を行う商品が出ていますが、特徴としては中古区分マンションと同じになります。

　ワンフロアごとに販売しているケースでは、1回の取引で大きな金額の不

動産を購入できる点が中古区分マンションにはないメリットと言えますが、総じて収益性・利回りは低く、キャッシュフローを出すためには購入金額の多くを現金で賄わなければならないので、資金効率もよくありません。

新築一棟アパート・マンション

　一般に新築一棟物件は、中古に比べて家賃が高く、建物が新しいので修繕費も低く抑えられるとみられています。

　物件価格は中古よりも高いので、利回りはどうしても低くなってしまいますが、多少低い程度であれば、家賃収入の高さやコストの低さによって十分補えると考える方も少なくないようです。

　わたしは、新築一棟物件への投資は、一定の条件をクリアするのであれば取り組んでよいと考えています。

　ただし、以下のような2つの罠がありますので注意が必要です。

①賃料の妥当性（今後の賃料下落はどの程度か？）

　新築物件の家賃は中古に比べて高めに設定できますが、一定年数の経過後、あるいは最初の入居者が退去した後、大きく下落する可能性があります。なぜなら「新築プレミアム」がなくなるからです。

　「新築物件と築5年の中古物件のどちらに住みたいか？」と問われると、ほとんどの人は新築と答えるでしょう。日本人は新築が大好きで、まだ誰も住んだことのない物件に価値を感じ、過去に何人もの住人が入れ替わった中古の部屋よりも高い賃料で借りたいと思うものです。このように、新築未入居の部屋で賃料が高く取れることを「新築プレミアム」と言います。

　しかし、新築で入居した人が退去すると、次は中古物件（築浅物件）としての募集となり、新築プレミアムが働かなくなります。最近は新築物件の供給が増えていることから、以前よりも新築プレミアムを取りにくくなりましたが、それでも賃料は新築時の金額をずっと維持することは難しいと考えたほうがよいでしょう。

　また、新築物件を供給する不動産業者・建設業者によっては、新築時の入

居賃料を相場以上に吊り上げている例が散見されます。賃料を吊り上げれば、同じ利回りで販売するにしても販売価格を上げることができ、業者が儲かるからです。このように業者が意図的に賃料を吊り上げた場合、一度退去が出ると、次からは賃料が大幅に下落してしまいます。

　新築物件を検討する際は、賃料の大幅下落を前提に、下がった後でもキャッシュフローが出るかどうかを厳密に精査する必要があります。

② 利回り、事業計画に嘘はないか？

　業者が示す新築一棟物件の利回りや、事業計画書・キャッシュフローシミュレーションなどの提案資料には、意図的に投資パフォーマンスを良く見せようとする罠が潜んでいることがあります。

　たとえば、新築プレミアムがなくなった後の賃料下落についてはほとんど考慮していない、あるいは下落幅の想定が甘いといったことが挙げられます。

　また、これは新築一棟物件に限ったことではありませんが、空室や家賃滞納で想定される損失や、運営費用として考慮されるべき項目が計算に入っていないケースも多く見受けられます。ひどいケースになると、利回り計算に細工をして、一見利回りを高く見せていることもあります。

　新築一棟物件の購入を検討している方の中には、主にハウスメーカーや、一部アパート専業ビルダーが提案するサブリース契約（家賃保証・一括借上）に魅力を感じている方もいらっしゃるのではないでしょうか。

　サブリース契約とは、オーナーが取得する物件をハウスメーカー・アパートビルダーの子会社（サブリース会社）が借り上げて、第三者に転貸する契約のことを言います。

　多くは30年家賃保証などと銘打ち、「一括借上があるので、家賃は寝ていても入ってきますよ」などとセールストークをしてきますが、誤解は禁物です。30年家賃保証とは、あくまで「家賃の支払いを30年間保証します」という意味であって、「30年間、同じ金額の家賃を保証します」という意味ではありません。

　たとえば、サブリース契約で物件を購入してから数年後、サブリース会社

が突然、家賃の減額を提案してきたとします。

　「家賃保証と言いながら、それはおかしいじゃないか」と減額交渉を突っぱねると、どうなるでしょうか。おそらく、サブリース会社から一方的に契約を解除され、場合によっては入居者を別の物件に移されてしまうかもしれません。そうなると全室空室となり、家賃収入がまったく入らなくなって、金融機関への返済に困ってしまいます。

　仮に家賃の減額を受け入れたとしても、厳しい状況が待ち受けています。減額によって金融機関への返済額をカバーしきれなくなり、結局、返済不能に陥る可能性が高まるからです。

　そもそも、30年の間には建物がどんどん老朽化し、その分、修繕などの費用も増えるわけですから、一定の家賃を保証できるはずはありません。

　また、当然ですが、長い年月とともに経済状況や不動産市況が大きく変われば、同じ家賃を払い続けるのは困難になるものです。業者の甘い言葉に踊らされることがないよう、くれぐれも注意してください。

　以上のように注意点はいろいろありますが、一棟新築アパート・マンションは、中小企業オーナー経営者の方にお勧めできる物件だと言えます。

中古一棟アパート・マンション

　中小企業のオーナー経営者が、安定収益源の確保、税金対策、相続対策のために取得する収益物件として、わたしが望ましいと考えているもののひとつが中古一棟アパート・マンションです。

　中古一棟物件のメリットはいくつかありますが、なかでも特筆すべきなのは、賃料が安定している点です。

　すでに新築プレミアムはなくなっているので、新築物件のように数年で賃料が大幅に下がることはありません。そのため、購入時に想定した利回りが保たれやすいと言えます。

　また、新築に比べると家賃に対する物件価格が安く、相対的に高い利回りを取りやすいのも中古一棟物件の魅力です。高い利回りの物件でしっかりとキャッシュフローを出すことができるわけです。

さらに、建物の築年数が経過しているため、物件価格に占める土地の割合が大きくなり、物件価格そのものが下がりにくくなるというメリットもあります。また、当然ですが、土地は経年で劣化することもありません。

　このほか、中古一棟物件には、一度の取引で複数戸を保有できるため、効率よく資産規模を拡大できるだけでなく、区分所有と違って、空室リスクも抑えられるという利点もあります。

　その一方で、中古一棟物件にもデメリットはあります。なかでも注意したいのは、新築に比べると修繕負担が大きいことです。

　中古一棟物件では、室内修繕工事と、外壁・屋上（屋根）防水工事という2つの修繕をつねに考慮しなければなりません。長期入居者が退去して室内をフルリフォーム（一定の住宅設備の更新含む）する場合、単身者向けで20万円前後、ファミリー物件で30万から100万円程度の費用を見なければなりません。また、大規模修繕工事と呼ばれる外壁・屋上（屋根）防水工事は、物件規模にもよりますが、アパートタイプで200万〜400万円、マンションタイプで1,000万円以上のコストがかかります。これらの出費は、新築物件にはないデメリットと言えます。

　もうひとつのデメリットは、長期の融資が組みにくいことです。長期の融資が組めないと、月々の返済額が大きくなり、キャッシュフローが出にくくなります。

　以上の2つが大きなデメリットですが、これらを上手にコントロールすれば、中古一棟物件は非常にいい投資先になると思います。

　以上の点を踏まえて、わたしがお勧めするのは、新築または中古の一棟アパート・マンションの取得です。

　物件価格は、売却のしやすさを考えると10億円以上は避け、5億円程度を上限の目安とするのがよいと思われます。

　中古区分マンションについては、一気に複数戸を保有できるような投資

（区分マンションのバルク買いと言います）であればよいでしょう。区分物件を1戸ずつ購入していくのは、効率が悪く、時間がかかるのでお勧めしません。

　"まとめ買い"なら、短期間で安定収益源の確保が実現し、空室リスクの分散効果も得られます。

表面利回りでは"本当の収益力"はわからない

　立地や物件の種類とともに、物件選びで大切なのは収益力です。

　一般的には、デベロッパーやマンションビルダー、販売会社などが提示する「表面利回り」をもとに物件の収益性を判断する方がほとんどだと思いますが、それは非常に危険です。

　わたしは、表面利回りの高さに惑わされ、あまりよく考えずに物件を選んだ結果、人生を狂わせてしまった方や、その予備軍の方を何人も見てきました。なぜ、そうなってしまうのか？　また、それを避けるため、どのように物件の"本当の収益力"を見極めるのかについて説明します。

　まず、改めて「表面利回り」とは、どのようなものなのかについて見ておきましょう。計算式は下のとおりです。

表面利回り＝年間満室家賃収入÷物件価格　【％】

　不動産投資を行った経験がある人なら、この計算式はすでにおなじみだと思います。投資用不動産のポータルサイトや物件資料で「表面利回り」、あるいは単純に「利回り」として提示されているのは、そのほとんどが上記の計算に基づいて出されている数字であり、その計算式は、不動産投資の入門書に"基本中の基本"として書かれているからです。

　わたしも、表面利回りは、投資判断をする際に最初に確認すべき重要な指標のひとつだと思っています。

ただし、この数字は物件の正確な利回りを表すものではありません。

なぜなら、保有期間中に年間を通じて満室を維持できることはなく、空室や家賃の滞納が発生する可能性もあるからです。

表面利回りに惑わされてしまうと、実際には空室率が高く、十分なキャッシュフローが出ない物件を間違って購入してしまう恐れがあります。

では、表面利回りを参考にしながらも、その物件の収益力をより具体的に想定するためにはどうすればいいのでしょうか。

まずは、空室や家賃の滞納が発生するという前提で、年間の家賃収入を求める必要があります。当社はこれを「実効総収入」と呼んでいます。

実効総収入＝満室想定総収入－空室・滞納損失

当社では、物件の種類にかかわらず、空室・滞納損失は満室想定総収入の5〜10％と想定しています。仮に年間の満室想定総収入が100万円なら、空室・滞納損失を差し引いた実効総収入は90万〜95万円ということです。

さらに、物件を保有しているとさまざまな運営費（ランニングコスト）が発生します。

具体的には、「管理会社に支払う管理手数料」「建築管理費用」「水道光熱費」「固都税（固定資産税・都市計画税）」「原状回復費用」などがあります。

どんなに実効総収入が高くても、運営費が余計にかかる物件だと"手残り"は少なくなってしまいます。

そこで、実効総収入からすべての運営費を差し引いて、より"手残り"に近い金額を導き出します。この金額を営業純利益（NOI：Net Operating income）と言います。

営業純利益（NOI）＝実効総収入－運営費

このNOIこそが、物件の本当の収益力を表しています。

物件を現金で購入した場合、NOIは税引前キャッシュフロー（以下、税引前CF）と同じ金額になります。

　実際には、多くの方は融資を受けて物件を購入しますので、最終的な税引前CFは金融機関への返済金額を差し引いた金額となります（【図3-8】参照）。

税引前CF＝NOI－返済金額

　不動産投資を始めるには、最低限ここまでは収支計算をしなければなりません。そして、ここから法人であれば法人税、個人であれば個人所得税・住民税等を差し引いたものが、税引後キャッシュフロー（以下、税引後CF）となります。

図3-8　キャッシュフローの導き方

満室想定総収入
　▲空室・滞納損失

実効総収入
　▲運営費

NOI（営業純利益）
　▲返済金額

税引前 CF

🔑 "本当の収益力" は FCR に表れる

　ここまで読んでいただければ、表面利回りだけでは、本当の収益力は判断できないということが、おわかりいただけるのではないかと思います。
　では、物件の "本当の収益力" を示す指標とは何でしょうか？
　それは、NOIを物件価格に購入諸費用を加えた総投資金額で割ることによって求められる総収益率（FCR：Free and Clear Return）です。

FCR ＝ NOI ÷ 総投資金額（物件価格 ＋ 購入諸費用）【％】

　ポイントは、NOIを物件価格だけで割るのではなく、購入時に投下したす

べての金額で割ることです。

FCRは、大雑把に「ネット利回り」ともいわれているので、ご存じの方も多いのではないでしょうか（厳密には、ネット利回りはNOIを物件価格で割った値と定義されることが多いので、FCRとは異なります）。

ここで、簡単なモデルケースを取り上げ、これまで紹介してきた指標をもとに物件の収益力を導き出してみましょう。

【図3-9】に示した物件A、Bは、いずれも物件価格が1億円、購入諸費用700万円、満室想定賃料が800万円で、表面利回りは8％と同じです。

ただし、物件Aにはエレベーター、受水槽、自動火災報知機など点検が必要な設備が多く付いており、運営費用は200万円。物件Bは点検設備が少なく、運営費用は100万円です。

まとめると、それぞれのFCRは次のようになります。

■物件A

🧮 NOI＝実効総収入700万円－運営費200万円＝500万円
　　FCR＝NOI 500万円÷総投資金額1億700万円＝4.67％

■物件B

🧮 NOI＝実効総収入700万円－運営費100万円＝600万円
　　FCR＝NOI 600万円÷総投資金額1億700万円＝5.61％

図3-9　運営費の違いによるFCRの差

	物件A	物件B
共通条件		
物件価格	1億円	
購入諸費用	700万円	
総投資金額	1億700万円	
満室想定賃料	800万円	
表面利回り	8.00%	
空室・滞納損	100万円	
実効総収入 ※満室想定賃料−空室・滞納損	700万円	
個別条件		
運営費	200万円	100万円
投資指標		
NOI（実効総収入−運営費）	500万円	600万円
FCR（NOI÷総投資金額）	4.67%	5.61%

> 同じ表面利回りであっても運営費の違いにより
> 真の利回りである総収益率FCRは異なる

　このように、表面利回りは同じでも、FCRで比較すると約1％も利回りが違うことがわかります。

　表面利回りは単純に求められるので使いやすい指標ではあります。しかし、投資判断の際には、空室や家賃滞納による損失を考慮し、さらに運営費がいくらかかるのかということを確認しないと、正味の利回り（本当の収益力）は確認できないことがおわかりいただけたのではないでしょうか。

　表面利回りの高さに惑わされ、後からキャッシュフローが回らなくなって苦しむことのないように、ここまで紹介した指標を使って、しっかりとした収支予想を立てたいものです。

🔑 減価償却費を最大化するには？

　以上、不動産投資における物件選びについて、収益力の側面から見てきました。中小企業のオーナー経営者が、本業のほかにもうひとつの安定収益源を確保したい場合、あるいは個人として、着実に資産形成をしていきたいと考える場合、キャッシュフローが出やすい高NOI、高FCRの物件を選ぶのがベストであることがおわかりいただけたのではないかと思います。

　ところで、繰り返し述べてきたように、収益不動産には、収益の安定化だけでなく、税の繰り延べ効果や自社株評価を下げる効果も期待できます。
　そのメリットを最大限に享受するには、どのような物件を選ぶのがいいのでしょうか？
　第1章でも触れたとおり、収益物件には建物の構造ごとに耐用年数の違いがあり、耐用年数が短いほど、1年あたりの減価償却費が大きくなります。
　その意味では、耐用年数が47年の鉄筋コンクリート造（RC造）や34年の鉄骨造よりも、木造（22年）や軽量鉄骨造（27年）のほうが望ましいと言えるでしょう。

　ところで、上記の耐用年数は、あくまでも新築物件に適用されるものです。中古物件の場合は、新築時と同じ耐用年数で減価償却するのではなく、税法上定められた計算式によって求められる年数で償却します。

中古物件の償却年数計算式

📊 **償却年数＝法定耐用年数－築年数＋築年数×20%**
　　※小数点以下は切り捨て
　　※法定耐用年数を超えている場合、法定耐用年数×20%にて計算

　例として、2つ計算してみます。

① 築20年鉄筋コンクリート造物件の償却年数

　　＝ 47 － 20 ＋ 20 × 20% ＝ 31 年

② 築30年軽量鉄骨造物件の償却年数

　　＝ 27 × 20% ＝ 5.4 ≒ 5 年

　このように中古物件であれば、より短期間に償却可能となり、1 年あたりの減価償却費も大きくなります。

　これらの点を考えると、税繰り延べ効果や自社株評価の引き下げ効果を得るためにベストな投資対象は、1 棟中古の「木造」または「軽量鉄骨造」のアパートということになります。

　また、より大きな減価償却費を取るためには、物件価格に占める建物割合の高い物件を取得することも重要なポイントです。

　すでに述べたように、建物や建物付属設備は税法上、減価償却資産とみなされますが、土地は減価償却資産として認められておらず、減価償却をすることができません。

　そのため、減価償却費を多くとるためには、減価償却資産である建物（と建物付属設備）の金額を大きくすることを考える必要があります。

　土地建物割合の違いが、減価償却費の大きさにどのように影響を及ぼすのかを示したのが【図3-10】です。

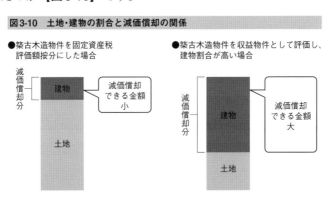

図3-10　土地・建物の割合と減価償却の関係

●築古木造物件を固定資産税評価額按分にした場合

減価償却分 ── 建物 ── 減価償却できる金額 小

土地

●築古木造物件を収益物件として評価し、建物割合が高い場合

減価償却分 ── 建物 ── 減価償却できる金額 大

土地

物件取得時の建物と土地の比率で減価償却額が大きく変わる

では、収益不動産の土地建物の割合はどのようにして決まるのでしょうか。

一般的に、不動産取引の実務においては、不動産売買契約を締結する際には土地と建物の金額を明確にせず、土地建物を一体として売買金額を記載しているケースが多いようです。一部、大手仲介不動産会社が契約仲介に入る際には、土地と建物の金額を契約書に明記することもありますが、稀なケースであると考えていいでしょう。

土地建物の金額が非明記で、一体の金額になっている場合でも、不動産を購入する側（投資家）としては、その後の賃貸経営を行ううえで、土地建物割合を決めて減価償却処理をする必要があります。

投資家の都合で勝手に土地建物の金額を決めることはできず、客観性を持った金額の決め方が求められます。

具体的には以下の2通りの決め方があります。

a 固定資産税の評価による按分
b 不動産鑑定士による評価

a については、日本国内すべての土地および建物には固定資産税・都市計画税が課税されますが、その際の課税金額を決める元になるのが固定資産税評価というもので、市区町村が各不動産を評価し金額を決めています。

土地および建物の固定資産税評価額の割合に応じて、購入した土地と建物の金額を決めるということになります。

ここで注意したいのは、税の繰り延べ効果が期待できる木造・軽量鉄骨造アパートの場合、建物の固定資産税評価額が小さく、評価按分した際には、土地の金額が大きくなってしまうことです。

そうなってしまった場合、減価償却費を多くとることは難しくなります。

b は、不動産鑑定士に土地建物の評価を依頼し、金額割合を明確化する方法です。aの固定資産税評価額按分の方法に比べると、築年数が経過した建物であっても経済的には価値があると評価されやすい傾向がありますので、建物金額が高くなる可能性があります。

　ネックとしては、土地建物の評価を不動産鑑定士に依頼すると、15万〜30万円程度の費用が発生します。

　ただし、その後の減価償却による税繰り延べ効果を考えると、売買契約書に土地建物金額が非明記の場合は、鑑定依頼をしたほうがメリットは大きいといえます。

　a、bよりもシンプルで、わたしがお勧めするのは、

「不動産売買契約書に土地建物の金額を明記する」

という方法です。

　上記a、bその他の合理的な計算方法に基づき算定した結果を踏まえた上で、売主との交渉により建物の割合を高く設定することができる可能性があります。

　税務に詳しい一部の方の中には、築年数が経過した建物について金額を上げることはできず、あくまで固定資産税の評価按分で処理をする必要がある、という意見を言う方がいますが、必ずしもその方法のみにとらわれる必要はありません。第三者間による商取引において、土地および建物の売買金額は原則自由に決めることができますので、売主との交渉の中で、合理的な説明ができる範囲内で、一定程度土地建物の内訳を決めることは可能と考えられます。

　さらに減価償却を取る方法として、売主からの資料提供等により、建物を「建物」と「建物付属設備」に合理的に分けることができる場合には、これを計上することができます。建物付属設備の法定耐用年数は15年（一部設備は異なる）ですので、築15年以上経過した建物の建物付属設備は3年（15年×20％＝3年）という短期間で減価償却することができます。分ける場合も売買契約書に明記しておくと良いでしょう。

🔑 不動産投資は融資が決め手

不動産投資は、融資がすべてと言っても過言ではありません。

全額自己資金で購入できる法人や個人は別にして、どんなにいい収益物件を見つけても、融資が受けられなければそもそも購入できないからです。

そして、他の投資対象と比較して、不動産投資は融資を受けられることが大きなメリットです。

株式投資で1億円を運用しようと思えば1億円の資金が必要ですが、不動産投資は、資産を持たない法人や個人でも1億円近い借り入れが可能です。自己資金が少なくても、融資を受けることで投資効率（レバレッジ効果）を高めることができるのです。

長年事業を行い内部留保が潤沢な企業や、業績好調な企業であれば、より有利な条件で融資を受けることができます。

一方で、融資を受けることができないのであれば、収益を得ることを目的としている人にとっては、不動産投資はそれほど魅力的な投資ではありません。

収益物件の実質的な利回りであるFCR（総収益率）は、他の投資に比べて特別高いものではありません。もちろん、預貯金の金利に比べればはるかに高い利回りですが、株式やFX、仮想通貨といった金融投資商品の中には、短期間で数十％も値上がりする商品もあり、そうした商品と比べると、収益不動産のFCRは大きく見劣りします。

しかし、自己資金の10倍近い融資を受けることができれば、グロスの収益も全額自己資金で取得した場合の約10倍となります（借入金の返済や諸費用などを除く）。

そのレバレッジ効果によって、株式やFXに負けず劣らずの収益力が得られるようになるわけです。

では、金融機関から融資を受けて不動産投資をすると、実際にどれほどの

レバレッジ効果が得られるのでしょうか？　簡単な例で説明しましょう。

　自己資金として1,000万円を投下し、全額現金で物件を購入した場合と、借り入れをして物件を購入した場合の利回りを比較したのが、下の計算例です。要点を単純化するため、空室や家賃の滞納による損失は考慮せず、税引前CFで計算してみました。

▮ ケース①　全額現金で物件を購入した場合

購入物件	中古区分マンション
物件価格	1,000万円
年間家賃収入	100万円（表面利回り10%）
運営費用	30万円
税引前CF	70万円（家賃収入－運営費用）
自己資金に対する利回り	7.0%（300万円÷1,000万円）

▮ ケース②　借り入れをして物件を購入した場合

購入物件	中古一棟マンション
物件価格	1億円（自己資金1,000万円、借入金9,000万円）
年間家賃収入	1,000万円（表面利回り10%）
運営費用	240万円
税引前CF	300万円（家賃収入 － 運営費用 － 年間返済額）
自己資金に対する利回り	30.0%（300万円 ÷ 1,000万円）

※融資条件は金利2.0%、借入期間25年、年間返済額は460万円

　単年で見ると、自己資金1,000万円の投資効率はケース②のほうが4倍以上高いという結果になりました。

　金融機関からの借り入れによるレバレッジ効果で、投資効率が格段に高まることは明らかです。借り入れを利用するということは、言い換えれば「他

人のお金を利用して投資ができる」ということなのです。

　中小企業オーナー経営者にとって、物件購入時に全額を自己資金で賄わなくてもよいというのは、手元に現金を置いておけるということで、経営上も非常にメリットがあると感じていただけるのではないでしょうか。

本当の「イールドギャップ」を知る

　融資を受けて不動産投資をする場合、NOI、FCRとともに重要となる投資判断の指標が「イールドギャップ」です。

　不動産投資に関する書籍やブログなどでは、物件の表面利回りと借入金利の差のことを「イールドギャップ」と言い、「どんなに表面利回りが高くても、借入金利が高ければその差を大きく取れないので利益が残らない」などと解説されています。

　たとえば、表面利回り10％の物件を購入し、金利3.0％で資金を調達した場合、イールドギャップは7％ということです。

　じつは、このイールドギャップに対する解釈は完全な間違いです。

　実際に物件を購入した方は経験があると思いますが、融資を受ける際に金融機関から提示される条件は、「融資金額」「金利」「返済期間」です。この3つの条件をもとに月々の返済金額が確定するのです。

　ところが、先ほどの解釈には「返済期間」の要素が入っていません。これでは、本当のイールドギャップを求めることはできませんし、誤った指標をもとに投資判断をすると、思わぬ損失を被る恐れがあります。

　仮に間違った解釈によるイールドギャップの期待値が7％以上だったとしましょう。その場合、以下のような物件は投資対象になり得るでしょうか。

物件価格	1億円
年間家賃収入	1,000万円（表面利回り10％）
借入金額	9,000万円（金利3.0％、返済期間10年）

年間返済額	1,040万円（元利均等返済）

　先ほどの間違った解釈によると、イールドギャップは7%となりますが、この条件ではインカムゲインが出ません。簡単に計算してみましょう。

🗃【計算条件】

空室・滞納損失：年間家賃収入の5%
運営費：年間家賃収入の20%

📊 実効総収入＝950万円　（1,000万円－1,000万円×5%）
　　運営費＝200万円　（1,000万円×20%）
　　NOI＝750万円　（実効総収入950万円－運営費200万円）
　　税引前CF＝△290万円　（NOI 750万円－年間返済額1,040万円）

　結果として税引前CFはマイナスになってしまいました。間違ったイールドギャップでは、正しい投資判断ができないことがおわかりいただけると思います。

　では、正しいイールドギャップはどうすれば導き出せるのでしょうか。その計算のために必要となるのが「ローン定数K（単位%）」という指標です。
　ローン定数Kは金利と返済期間で決まる指標で、総借入金額に対しどの程度の割合で元利返済しているのかを示します。借り入れに対する負担率のようなイメージです。
　ローン定数Kは次の計算で求めることができます。

📊 ローン定数K＝年間返済額÷総借入金額　【%】

　そして、FCRとローン定数Kの差が正しいイールドギャップとなります。

📊 イールドギャップYG＝FCR－K　【%】

ローン定数Kの計算式を見ると、「年間返済額」とあるように融資期間の要素が入っていることがわかります。同じ借入金利でも、融資期間が長ければ年間返済額は小さくなるので、ローン定数Kも小さくなります。ローン定数KがFCRとの差が大きくなるため、イールドギャップが大きく取れ、キャッシュフローも大きくなるのです。

　イールドギャップを理解するためには、「不動産投資は金融機関との共同事業である」という捉え方をするといいでしょう。

　たとえば一般の事業であれば、共同事業者からは「出資」という形でお金を出してもらい、事業で得た利益は出資割合に応じて分配します。

　一方、不動産投資では、「融資」という形で金融機関からお金を出してもらうので、利益分配には別のルールを当てはめなければなりません。その利益の分け方を決めるのがイールドギャップであるということです。

　もう少し詳しく述べると、収益物件から発生するNOIの分配方法において、借り入れから発生する部分のうちローン定数K相当は金融機関への返済に充てられ、投資家は残りの部分であるイールドギャップYG相当のキャッシュフローを得る、という分配になります。

　概念の説明だけではわかりにくいと思いますので、具体例を示してみましょう。下の【図3-11】が分配のイメージです。

図3-11　イールドギャップのイメージ

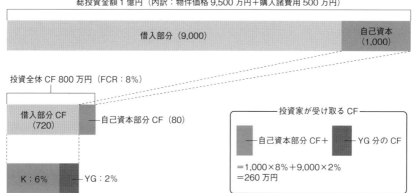

<条件>
物件価格　　　9,500万円
購入諸費用　　500万円　※総投資額：1億円
総収益率FCR　8.0%
借入金額　　　9,000万円（金利：3.5%、借入期間：25年、ローン定数：6.0%）
自己資金　　　1,000万円

この図に示した不動産投資のキャッシュフローを分解すると、

税引前CF＝自己資金×FCR＋借入額×YG

となっていることがわかります。投資家がキャッシュフローを高めるためには、①自己資本（自己資金）部分を増やす、②イールドギャップをより大きく取る、のどちらかの選択肢があります。

①の場合、追加で出せる資金があれば可能です。しかし、資金効率を考えると、一定の自己資金以上を投下するのは資金効率的に良くありませんので、無制限に自己資金を投下することはお勧めしません（自己資金30%程度までが現実的です）。

②の場合を具体的に言えば、借入金利を低くするか返済期間を長くすることで、ローン定数Kを低くすることができます。

借入期間を長くする場合、元金債務が減りにくくなるので、出口戦略をどうするのかということをしっかりシミュレーションすることが必要です。

以上が正しいイールドギャップについての説明ですが、これが理解できると、借り入れによる不動産投資でキャッシュフローを最大化させ、投資パ

フォーマンスを高める方法を賢く選択できるようになります。

🔑 イールドギャップは 1.0 〜 1.5％以上を目標にする

　では、イールドギャップは最低何パーセントぐらいを目標とすべきなのでしょうか。高いほうが望ましいのは言うまでもありませんが、逆にあまり低すぎるとキャッシュフローがマイナスとなる可能性が高くなるので、適正値の目安は押さえておきたいところです。

　まず前提として押さえておきたいのは、イールドギャップは投資の初期段階の判断で用いる指標であるということです。

　ここまで紹介してきた投資指標は、いずれも「その時点での値」であり、時間の経過とともに変化します。FCRは時間経過に伴う家賃下落や空室率の増減によって変動しますし、ローン定数Kは、金利が上下したり、元金返済が進むと変化します。

　不動産投資家の方々の多くは、元利均等返済、すなわち金利変動がなければ返済期間中の返済金額は一定となる条件で借り入れをされます。そして、借入残高は毎年減っていきます。

　そのため、ローン定数Kは購入初期がいちばん低く、借入金の返済が進むにつれて毎年上昇していきます。だからこそ、投資の初期段階において投資判断に用いる必要があるのです。

　この前提を踏まえたうえで、よくある投資条件での判断基準を考えてみましょう。

　多くの方は、フルローン、あるいはそれに近い借り入れでの投資を考えるはずです。当社では、リスクを抑える観点から一定以上（たとえば10％）の自己資金の投下を推奨していますが、自己資金を極力抑えて短期で一定の規模まで投資をしたいと希望される方が多いのが現状です。

　では、フルローンやオーバーローンで物件を購入する場合、どの程度のイールドギャップを目標にすればいいのでしょうか。

　わたしは、現在の不動産市況および融資情勢を鑑みると、1.0～1.5％以上を確保できるようにするのが望ましいと考えます。全額以上を借り入れるオーバーローンの場合、総投資金額1億円、イールドギャップ1.5％の条件で融資を受け、税引前キャッシュフロー150万円を得るという計算です。

　では、この水準を満たさなければ投資対象にはなり得ないのかといえば、そうでもありません。自己資金を多めに入れて、FCRからのキャッシュフローを多く取る方法もあります。

　あるいは、保有中のキャッシュフローは少なくなりますが、後述する潜在キャッシュフローである元金返済は進みますので、保有中のキャッシュフロー目的ではなく、売却時キャッシュフローを得る投資ということであれば、イールドギャップが基準を多少下回ってもよいケースもあります。その場合は、空室や滞納損失、修繕費用などの支出に備えて、手元に一定のキャッシュを保持しておくことをお勧めします。

　最終的には物件ごとに個別の判断が必要ですが、イールドギャップの適正値は、あくまでも判断材料のひとつとして参考にしてください。

🔑 保有期間＋売却時のキャッシュフロー最大化を狙う

　不動産投資で収益を上げるためには、キャッシュフローの重要性を理解するだけでは不十分です。最終的な手残りは、法人税や個人所得税・住民税を支払った後の税引後CFですので、これをいかに最大化させるかを考えなければなりません。

手元に残るお金＝税引後CF

　税引後CFを増やすためには、減価償却を活用して税を圧縮することが大切です。詳しい方法は第4章で説明しますので、ぜひ参考にしてください。

　ちなみに、ここまで説明してきたのは保有期間中のキャッシュフローの増やし方についてですが、不動産投資では、同時に売却時のキャッシュフロー

をどれだけ多く得るかについても考えなければなりません。物件の売却で大きなマイナスが出れば、保有期間中に蓄積してきたキャッシュがすべてなくなってしまう可能性もあるからです。

不動産投資の最終CF（手残り）
＝保有期間中の累積税引後CF＋売却時の税引後CF

保有期間中と売却という2つのフェーズにおいて税引後CFを最大化することが、不動産投資・賃貸経営の目的です。

潜在キャッシュフローで純資産を増やす

ところで、保有期間中の税引後CFを正確に把握するには、「表に出ていないキャッシュフロー」も考慮に入れなければなりません。

一般に不動産投資は融資を受けて行いますが、借入金返済の内訳は元金返済と利息返済に分けられます。100万円を返済している場合、そのうち元金返済が20万円、支払利息が80万円といった具合です。

元金返済が進むと、借入金の総額が減っていきます。これは見方を変えれば、借入返済のうち元金返済分は貯金をしているのと同じことです。

会計的に見れば、貸借対照表（バランスシート）上、負債である長期借入金が毎月減ることで自己資本が相対的に増える、つまり純資産が増える、という見方ができます。

したがって、保有期間中の「本当のキャッシュフロー」は次のようになります。

保有期間中のCF＝①税引後CF＋②元金返済分

わたしは、②の元金返済分を「潜在キャッシュフロー」（以下、潜在CF）と呼んでいます。保有期間中は表に出てきませんが、売却することで顕在化するからです。

簡単なモデルを使って説明しましょう（【図3-12】参照）。

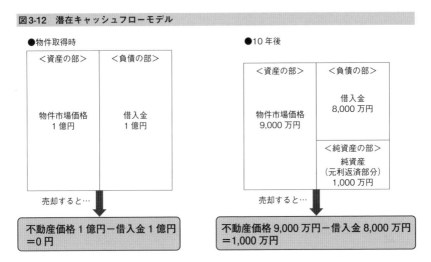

図3-12　潜在キャッシュフローモデル

●物件取得時

＜資産の部＞	＜負債の部＞
物件市場価格 1億円	借入金 1億円

売却すると…

不動産価格1億円－借入金1億円
＝0円

●10年後

＜資産の部＞	＜負債の部＞
物件市場価格 9,000万円	借入金 8,000万円
	＜純資産の部＞ 純資産 （元利返済部分） 1,000万円

売却すると…

不動産価格9,000万円－借入金8,000万円
＝1,000万円

　この図に示した不動産価格とは、市場で売却できる価格です。長期借入金の元金返済分2,000万円のうち、1,000万円が手元に残る現金として表面化したのがわかります。

　貸借対照表上における収益物件の簿価建物価格は、毎年の減価償却処理により金額が下がるため、ここで言う不動産価格はあくまで「いくらで売却できるのか」という価格です。もし、この状態で売却すれば「9,000万円 － 8,000万円 ＝ 1,000万円」が手元に残るはずですが、実際には仲介手数料などの譲渡費用や譲渡所得に対する税金がかかります。ここでは、理解しやすいように単純なモデルにしました。

　もうお気づきかもしれませんが、潜在CFである元金返済金額は全額手元に残りません。物件の市場価格にも影響されるため、その時々でいくらで売却できるのかも違ってきます。

　どれだけ元金の返済が進んでも、それ以上のスピードで物件価格が下落すれば、潜在CFはいつまで経っても得られません。先ほどの①税引後CFと②元金返済分の累積合計が物件価格よりも高い状態でなければ、保有期間中にキャッシュフローが出たとしても、売却時にそのキャッシュフローが吹き飛んでしまい、投資終了時に最終的な手残りは出なくなってしまいます。

以上を踏まえると、潜在CFを得るには、市場価格の下落スピードより元金返済のスピードが速い物件を取得しなければならないことになります。

　言い換えると、物件市場価格が下がりにくい物件、下落スピードが遅い物件ということです。具体的には、土地値に近い物件、立地のよい物件、都市部のRC造物件、価格が下がりきっている築古物件などです。

　潜在CFについて、もうひとつ具体例を紹介します。【図3-13】の共通条件をベースに、返済期間が20年間と30年間の2パターンで収支シミュレーションします。それぞれの保有期間中の税引後CFは【図3-14】のとおりです。

図3-13　サンプル物件の物件概要（1993年築重量鉄骨造）

物件概要	
物件価格	1億円（土地：5,000万円、建物5,000万円）
購入諸費用	700万円
総投資金額	1億700万円
満室想定賃料	1,000万円
表面利回り	10.0%
空室・滞納損失	50万円
運営費用	200万円
NOI	750万円
資金計画融資条件	
自己資金	1,000万円
借入金額	9,000万円
借入金利	2.00%
返済方法	元利均等返済
運営計画	
保有期間	10年間
売却金額	8,000万円（表面利回り12.5%）※賃料下落は考慮しない
適用税率	50%（所得税・住民税）

図3-14　保有期間中のキャッシュフロー

●20年返済の場合

	1年目	2年目	3年目		10年目
税引後CF	56.9万円	53.2万円	49.4万円	…	20.5万円
累積CF	56.9万円	110.1万円	159.5万円		392.5万円

●30年返済の場合

	1年目	2年目	3年目		10年目
税引後CF	204.8万円	202.6万円	200.3万円	…	183.0万円
累積CF	204.8万円	407.4万円	607.7万円		1942.2万円

　このように、30年間返済のほうがキャッシュフローを圧倒的に生み出すことがわかります。では、この物件を売却した際の税引後売却キャッシュフローについても比較してみましょう。

売却時の税引後CF

20年間返済の場合　2,667万円

30年間返済の場合　1,040万円

　20年間返済の条件のほうが、税引後の手残りが多いことがわかります。これは、毎月元金返済が進むことで、売却金額のうち金融機関に一括返済する金額が少なくなるためです。

　そして、この投資の最終的な成果（保有期間中の累積税引後CF ＋ 売却時税引後CF）は次のとおりとなります。

最終的なキャッシュフロー合計金額

20年間返済の場合　3,060万円

30年間返済の場合　2,982万円

　30年間返済の場合、利息を多く払うため金額は少なくなりますが、結果に大差はありません。このシミュレーションからわかることは、返済期間が短いことで保有期間中のキャッシュフローが少なくなっても、潜在CFである元金返済が進むため、最終的な手残りには大差がなくなることです。

ただし、最終的な手残りが同等とはいえ、投資効率を考えると「返済期間は長く」があくまでも基本です。現在受け取る100万円と、10年後に受け取る100万円では、前者のほうが価値は高くなるからです。

　そして、最終的な投資効率は、次に説明する内部収益率で判定できます。

🔑 投資の最終的な利回りを考える

　保有中のキャッシュフローは借り入れの返済期間によって変わるものの、売却までを考えると最終的に受け取るキャッシュフローの総額はあまり変わらないということを確認しました。では、先の2つの投資は同じ投資パフォーマンス（効率）と言えるでしょうか。

　不動産投資をお金の出入りで見てみると、購入初年度は物件購入金額や購入諸費用でお金が大きく出ていきますが、2年目以降はキャッシュフローが生まれ、最後は売却することでまとまったお金を手に入れることができます。

　ここで注意したいのが、先ほど少し触れた「お金の現在価値」の考え方、つまり、いまの100万円と10年後の100万円ではどちらの価値が高いのかということです。

　結論から言えば、現在の100万円の価値が高くなります。なぜなら、いま100万円があれば、ほかの物件の購入資金に充てたり他の投資を行ったりすることで、さらに現金を増やすことができるからです。お金の現在価値の考え方があれば、最終的に受け取るキャッシュフロー総額は同じでも、なるべく早くお金を手にしたほうが投資効率はよくなることがわかると思います。

　現在価値を含めて考慮し、投資効率を図るための指標に「内部収益率（IRR）」があります。

　内部収益率の厳密な定義は、「正味現在価値がゼロになるときの割引率」です。定期預金（複利）をイメージするとわかりやすいかもしれません。たとえば、内部収益率が5％であれば、金利5％の定期預金に預けているのと

同じ運用ができているということです。内部収益率は「Excel」などの表計算ソフトでIRR関数を用いると簡単に計算することができます。

　内部収益率を用いて、先ほどの借入期間が異なる2つの投資を評価してみましょう。途中の計算は割愛しますが、結果は次のようになりました。

①借入期間20年の場合（税引後で計算）
📱 内部収益率IRR＝6.63%（CF総額は3,060万円）

②借入期間30年の場合（税引後で計算）
📱 内部収益率IRR＝8.97%（CF総額は2,982万円）

　このように、キャッシュフロー総額はあまり変わらなくても、投資の最終的な利回りを示す内部収益率で比較すると、借入期間30年のほうが投資効率は2%以上よいことがわかりました。このことからも、借入期間は可能な限り長く取るようにし、キャッシュフローを手前に持ってくるほうがよいと言えます。

　これまで多くの投資指標を見てきましたが、不動産投資を行うには数字を根拠にした投資判断が大切です。それも、不動産会社や建設会社などが提案してくる数字をうのみにするのではなく、これまで解説してきた不動産投資の原理原則に基づく投資指標で検討し、判断する必要があります。

　もちろん、100％想定どおりに運用し、売却までできるとは言い切れませんが、少なくとも初期設定の段階で大きく失敗することを回避できます。

🔑 紹介を受けた金融機関なら、有利な借り入れができる

　収益不動産のメリットを最大限享受するには、有利な条件で借り入れを受けることが大切です。では、有利な条件で継続的に融資を受けるには、どうすればいいのでしょうか？

中小企業のオーナー経営者の場合、取引銀行に打診されるケースも多いことでしょう。

　しかし、本業向けの融資と、不動産投資向けの融資では、審査の基準が異なるため、長年付き合いのある金融機関でも、なかなか融資が下りないことが多いものです。取引している金融機関が不動産向け融資に消極的な場合もあります。そうした場合、融資してくれる金融機関を新たに探さなければなりません。

　いちばんよい金融機関の開拓方法は、紹介を受けて金融機関にアクセスすること。もっと言えば、金融機関との強固な関係性を持っている不動産業者などを通じて、融資を打診してもらうことです。

　では、融資に強い不動産業者は、どのようにすれば見つけられるのでしょうか？

　いちばん有効な方法は、金融機関との取引実績を確認することです。

　住宅ローンとは異なり、収益物件向けの融資には特殊な審査が求められるので、融資の取引実績がある不動産業者はそう多くありません。

　たとえば、不動産業者のホームページを見て取引銀行を確認するのもひとつの手ですし、不動産業者の営業担当者との会話の中で、取引のある金融機関の数や名前を聞いてみるのもいいでしょう。

　ここで言う取引とは、口座の有無ではなく、実際にその不動産業者が金融機関から融資を受けているかどうかということです。一般的に金融機関にとっての取引とは、融資取引を指します。

　その他、投資家の融資をアレンジする際にどこの金融機関をよく利用しているのかを確認することも有効です。

　とくに、法人で融資を受ける場合、各地域の市中金融機関（メガバンク、地方銀行、信用金庫、信用組合）が提供するオーダーメイド型プロパーローン（事業融資）で収益物件購入資金の融資をアレンジしてきた経験があるかどうかが重要です。それぞれの地域に密着している不動産業者のほうが、市中金融機関へのよいルートを持っている傾向があります。

　不動産業者は、規模の大小にかかわらず金融機関と密接な関係にあります。

　当社においても金融機関とのつながりが事業の生命線であり、金融機関の担当者はもちろん、支店長や役員の方々までよい関係を構築しています。

　現在では、関東圏・関西圏で30以上の金融機関と取引を行い、さまざまな案件で融資をもらえる体制となっています。関係性が強固であれば、お客さまの融資をアレンジする際に融資審査上のネックや気を付ける点などを事前に把握し、対策を打つことで、よりよい条件で融資が受けやすくなります。

　金融機関の窓口担当者にとっても、当社の物件およびお客さまということで、審査部への交渉がしやすくなるようです。

　投資をしたいエリアやご自身の会社所在地などから、各地域の金融機関と関係性が強い不動産業者を見つけることが、融資戦略の第一歩と言えます。

🔑 賃貸管理に特化した不動産会社を選ぶ

　不動産投資・賃貸経営で事業を安定的に行うには、物件や入居者をしっかり管理して、空室リスクや家賃滞納リスクを抑える必要があります。

　物件管理には、自主管理する方法と、外部（管理会社）に委託する方法の2種類があります。自主管理とは、文字どおり保有する収益物件を自分自身で管理する方法です。

　すでに退職されている方ならできるかもしれませんが、現役のオーナー経営者として本業に専念していらっしゃる方は、物件を管理する時間的余裕はないのではないでしょうか。

　じつはわたしも、サラリーマン時代に保有する収益物件の自主管理にチャレンジした経験があります。しかし、働きながらでは無理だと実感し、すぐにあきらめてしまいました。

　もちろん、管理会社に物件や入居者の管理を委託すれば、相応の手数料がかかります。けれども、それによって管理運営面での手間が一切かからなく

なるのですから、本業に忙しいオーナー経営者の方は、「取得した物件の管理は外部委託する」という前提で不動産投資を始めたほうがいいと思います。

　無理に自分で管理しようとすると、クレームやトラブルに対処しきれなくなって、入居者の不満が募り、空室率が高まってしまう恐れもあります。

　管理会社に管理を委託するのは、言うなれば所有と経営の分離です。物件の所有者であるオーナーは、全株式を保有する株主と同じように最終的な経営判断のみを行い、その判断に基づいて外部のプロフェッショナルがオーナーの利益を最大化するために業務を代行するのです。

　パートナー（管理会社）選びさえ間違えなければ、オーナー自身は本業に集中しながら、安定収益が得られる仕組みを構築できます。

　では、安心して管理を委託できるパートナーは、どのように選べばいいのでしょうか？

　管理会社には、大きく分けると「仲介管理混在型」（以下、混在型）と「管理専業型」（以下、専業型）の2種類があります。

　混在型とは、自社で仲介店舗を持ちながら管理業務も行う不動産業者のことです。昔ながらの「街の不動産屋さん」をイメージしてもらうとわかりやすいかもしれません。駅前に店舗を構え、地域の物件の賃貸仲介から売買、管理業務までを総合的に行う不動産業者です。

　一方、専業型とは、賃貸仲介業務は行わず、文字どおり物件の管理業務に徹している業者のことです。不動産オーナーから物件を預かり、入居者募集や既存入居者の管理、建物管理を専門で行います。

　専業型は仲介店舗を持たず、外部の仲介店舗に幅広く入居者募集依頼をするため、より多くの入居検討者に物件を紹介してもらうことができるので、早期満室につながりやすくなります。

　入居者募集で大切なことは、1社でも多くの仲介店舗で物件を紹介しても

らうことです。そのためには、専業型の管理会社にリーシングを依頼するのがベストです。

　専業型は仲介店舗を持たない（＝直接的客付け機能がない）わけですから、ほかの仲介店舗と入居者獲得競争において競合関係になりません。そのため、中立的な立場で数多くの仲介店舗に入居者募集を依頼できるのです（【図3-15】参照）。

図3-15　「混在型」と「専業型」の周知数の違い

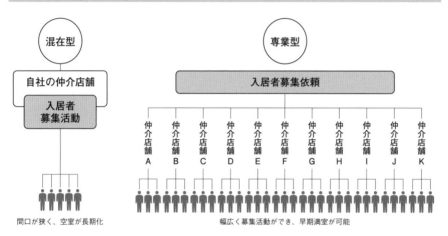

　専業型の会社は、数多くのオーナーの収益物件を預かり、収益を最大化するために運用代行（経営）している立場です。これを仲介店舗の側から見れば、専業型の会社は、たくさんの物件を所有する"大規模な大家さん"のような存在です。

　仲介店舗にとっては、たくさんの物件を紹介してくれる"大家さん"ほどありがたい存在なのですから、良好な関係を維持するため、なるべく積極的に対応しようとしてくれます。その結果、入居付けを有利に展開できるようになるわけです。

　このように、専業型の会社に頼めば募集活動は有利になりますが、それだけで入居付けがうまくいくとは限りません。各仲介店舗の営業担当者に物件を認識してもらい、さらに入居検討者にお勧め物件として資料を出して紹介

してもらわなければならないからです。

じつは、オーナーの方々が思っている以上に自身の物件は認知されていないものです。当社で実際にあった話を紹介しましょう。

あるお客さまが兵庫県内のファミリーアパートを購入されました。取得時点では8室中3室が空室となっており、それまでは地元の業者が管理していました。

当社が管理するまで、この物件は地元の仲介店舗にほとんど認知されていませんでした。そこで当社は募集条件を適切なものに変更し、早速リーシング（入居付け）活動を展開しました。

そして数日後、大手フランチャイズ加盟の賃貸仲介業者から案内予定の予約が入り、そのほかにも問い合わせが2件入ったのです。この賃貸業者は本物件から1km程度しか離れていない場所に店舗を構えていたのですが、本物件に空きがあることを当社のリーシング活動で初めて知ったとのことでした。いかに認知されていなかったかが明らかになったのです。結局、3室の空きは早期に埋まり、満室経営となりました。

このように、空室対策の第一歩は、物件所在エリア・沿線の賃貸仲介店舗に自分の物件があることをしっかり認知してもらうことです。

では、具体的にどう広く周知徹底していけばいいのでしょうか？

よく行われているのは、マイソク（物件の概要、間取り図、地図などをまとめた資料）や空室一覧資料を仲介店舗に定期的にメールやファクスで送ったり、電話で状況確認などを行ったりする方法です。

当社の事例では、名刺管理システムと連動し、名刺交換したすべての仲介店舗の営業担当者に空室一覧やメルマガ、特選物件などの情報をメールやファクスで送信しています。これでも一定の効果はありますが、あくまで補助的な周知方法という位置づけです。

当社がいちばん注力してるのは、仲介店舗の営業担当者への直接訪問です。数多く訪問することで人間関係が構築され、管理物件を優先的に入居付けしてもらえるようになるのです。

　とはいえ、訪問活動に力を入れている管理が社や自主管理オーナーはほかにもたくさんいるはずです。それらの方々と当社との大きな違いは「圧倒的な量」をこなすことにあります。

　当社のリーシング担当は１日平均70軒の仲介店舗を回ります。回るエリアは物件最寄駅周辺から始まり、ターミナル駅やその沿線など、広範囲にわたります。

　足を使った訪問をここまで徹底するのは、この業界がフェイス・トゥ・フェイスの関係性を重視する世界だからです。管理会社の担当者が定期的に顔を出すことで信頼関係が生まれ、「あなたの会社の物件だから優先的にお客さんを紹介するよ」と協力してもらえるようになるのです。

　またリーシング担当者は、つねに電話に出られるようにしておくことも重要です。仲介店舗の営業担当者が物件を入居希望者に案内している最中に条件の交渉が必要になったときには、管理会社かリーシング担当に電話をします。その際、すぐにつながれば、その場で条件の変更と提示が可能になるからです。営業担当者はフルコミッション（完全歩合制）に近い給与条件で働いている人が多いため、目の前のお客さまは逃がしたくないと考えます。契約を確実に得るためには、その場で条件交渉ができるかどうかは非常に重要なのです。

　このほか、当社では仲介店舗向けにホームページを作成し、当社内の業務システムとデータ連動させ、つねに最新の空室状況や募集条件、広告料などをスマートフォンやパソコンで確認できるようにしています。

　このホームページからは、賃貸申込用紙や重要事項説明書、賃貸借契約書のひな型もダウンロードできます。仲介店舗の営業担当者にとっては、目の前の入居検討者との契約をスピーディにクロージングできるツールとなっているわけです。

　いかに仲介店舗の営業担当者の手を煩わせず、優先的に物件を紹介し、契約に至る体制を整えているかということが、管理会社を選ぶうえでは重要なチェックポイントとなります。

♟ 経営をサポートしてくれる PM 型の管理会社がベスト

　専業型の中には、賃貸経営にまで踏み込んで業務を受託する「プロパティマネジメント型賃貸管理」という手法をとる業者もあります（【図3-16】参照）。

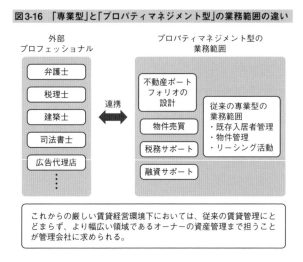

図3-16　「専業型」と「プロパティマネジメント型」の業務範囲の違い

　プロパティマネジメント（Property Management、以下・PM）とは、不動産投資の経営面に関するあらゆる業務をオーナーから任されて代行する、いわば"不動産経営代行業"のような管理システムです。

　この概念は、米国の投資ファンドから日本にもたらされました。先ほど少し触れた「所有と経営の分離」という考え方を、不動産投資の世界に持ち込んだのです。会社で言う「株主」と「経営陣」が、不動産投資の世界で言う「オーナー」と「管理会社（PM会社）」の位置づけです。

　わたしが理想と考えるPM会社の役割は、従来の専業型が請け負っている入居者募集や物件のリフォーム、既存入居者管理、建物管理だけにとどまりません。物件購入前の不動産ポートフォリオの設計、物件取得のサポート（物件選定・融資コンサルティング）、税務サポート、収支報告業務など、オーナーの所有物件の利益を最大化するために、外部のプロフェッショナル

と連携しながら、あらゆる経営サポートを行うのが、「本当のPM会社」であると考えています。

　人口減少や賃貸住宅供給戸数の増加など、賃貸経営環境の悪化が進むなか、オーナーが最新の賃貸経営手法をつねに採り入れ、適切な賃貸経営を実行し続けることは今後ますます困難になっていきます。

　そこで頼りになるのが、不動産経営のプロフェッショナルであるPM型の賃貸管理会社なのです。

　当社も、数少ないPM型の賃貸管理サービスを提供する会社のひとつです。

　繰り返しますが、収益資産を持つだけで安定して家賃収入が手に入る時代ではありません。プロとしての知恵とノウハウを駆使し、オーナー目線で賃貸経営をサポートしてくれるパートナーに委託するのが、不動産投資の成功の法則と言えます。

🔑 収益不動産活用のパートナー選びのチェックポイント

　では、そうした頼もしいパートナーを選ぶためには、どのようなポイントに着目すればいいのでしょうか？

　【図3-17】に示したのが、パートナー選びの主なチェックポイントです。順を追って見ていきましょう。

図3-17　不動産業者選びのチェックポイント

□ 収益不動産の売買取引を頻繁に行っているか（毎月取引をしているか）

□ 物件の詳細を理解しているか（売却の理由、レントロールの妥当性、大規模修繕履歴、入居者属性）

□ 物件周辺の土地勘があるか

□ 物件周辺の賃貸事情を把握しているか

□ 融資の知識が豊富で、金融機関の紹介をしてくれるか

□ 地元金融機関（地方銀行、信用金庫、信用組合）と取引があるか

□ 購入後の賃貸管理についてのサポートがあるか

□ 専門的な税務知識が豊富か

□ 中小企業向けのコンサルティング実績があるか

収益不動産の売買取引を頻繁に行っているか

　最近でこそ収益物件を扱う不動産業者はかなり増えましたが、不動産投資や賃貸経営に関する知識が乏しい業者も多く、玉石混交です。

　収益物件の取引実績が少ない不動産業者は、売買契約書の特約を確認すればおおむね見抜くことができます。

　収益物件の売買契約書には、売主・買主の権利関係を整理するためにさまざまな特約を入れる必要がありますが、契約書にその対応がなされていない場合は、収益物件の知識が少ないと見て間違いありません。

物件の詳細を理解しているか

　物件の詳細を理解しないまま顧客に紹介している業者もあります。たとえば、売却理由やレントロール（入居者状況の一覧）の妥当性、大規模修繕履歴、入居者属性などです。投資家の立場では、不明な点をできる限り詳細に業者に確認してください。

　事前にこれらの情報がしっかりと開示されれば、空室リスクや家賃滞納リスクなどのコントロールが可能となります。

　また、不利となる情報が事前にわかっていれば、購入を見送ったり、解決するための金額交渉をしたりと、何らかの対策が講じられるはずです。

　収益物件固有の情報に関しては、投資家自らが情報請求する姿勢が求めら

れます。開示されるべき情報を適切に聞き出し、投資判断、条件交渉をすることでリスクを回避できる確率が高まります。

物件周辺の土地勘があるか

　不動産は、道1本隔てるだけで地位（じぐらい、土地・地域のランク）が大きく変わることや、賃貸住宅の需給バランス・賃料相場がまったく異なることがよくあります。そのため、地元の業者や投資家は絶対に手を出さないようなエリアの物件でも、土地勘のない不動産業者が利回りだけを売りに土地勘のない方に販売していることは往々にしてあるのです。

　そして購入後、入居付けに苦労してはじめて購入してはいけないエリアであった、高値掴みしてしまったと気づくことになります。ですから、業者の土地勘の有無はかなり重要だと言えます。

物件周辺の賃貸事情を把握しているか

　不動産業者が物件周辺の賃貸相場を把握するには、その地域で仲介事業を展開しているだけでは不十分です。物件の売買だけでなく、賃貸管理業務（入居者募集や既存入居者管理）も行っていなければ、本当の相場はわかりません。賃貸管理をしていない仲介専門業者の場合、インターネットで確認して平均賃料を割り出し、表面利回りを想定しているケースがあります。しかし、ポータルサイトに掲載されているのはあくまでも募集賃料であり、実際に成約する賃料は下がってしまいます。

　適切な賃料設定を行うためには、地域に根付いて賃貸管理業を行っている業者を選ぶことが大切です。

融資の知識が豊富で、金融機関の紹介をしてくれるか

　先ほども述べたように、不動産投資は融資がすべてです。したがって、融資の知識や経験が豊富であるかどうかは、不動産業者選びの重要なポイントであると言えます。

　融資に強い不動産業者は、中小企業のオーナー経営者向け、資産家向け、

サラリーマン向けなど、それぞれの投資家の属性に合った金融機関とのつながりを持っているものです。自分の属性に応じた金融機関を紹介してくれるかどうか、取引銀行が何行あるか、といった点をチェックしてみましょう。

購入後の賃貸管理についてのサポートがあるか

　仲介専業の不動産業者は、基本的に販売による仲介手数料が手に入ればそれで売り上げが立つため、極端な話、販売後の投資成果がどうなろうと興味がありません。ですから、購入後に賃貸管理のサポートが受けられるかどうかについては、必ず不動産業者に確認してください。

　理想的なのは、売買した業者がその後の賃貸管理も請け負うパターンです。売買後の管理が前提であれば、管理運営に苦労する物件を投資家の方には紹介できなくなるものです。

　また、最近は仲介専門の業者でも賃貸管理を行うと謳っているケースがありますが、実態は力を入れていないばかりか、ほかの業者に丸投げしてしまっている業者も少なくありません。疑わしい場合は、実際の管理戸数や、管理専属の社員が何名いるかなどを確認するようにしてください。

不動産業者（または営業担当者）が収益物件を持っているか、また、賃貸経営で一定の成果を出しているか

　自社で不動産投資を行っていない業者や、自分で行っていない営業担当者は、投資家と同じ目線で物件の購入から運用までのアドバイスはできません。

　逆に、自ら不動産投資を行っている業者や担当者であれば、経験に基づく適切なアドバイスが受けられるはずです。

専門的な税務知識が豊富か

　実務は税理士にお任せしますが、収益物件を専門に取り扱う不動産業者には知っておくべき税務知識がたくさんあります。その知識に基づいて税務上有利になる投資計画を提案しなければならないからです。

　また、物件取得後の管理運営においても税務知識が必要となります。たとえば、修繕費について一括損金で計上できるようなリフォーム内容を考えるといった場面です。不動産投資は購入時だけでなく、購入後の運用時も税金との戦いです。賃貸経営のいちばんのコストは税金だからこそ、不動産業者には豊富な税務知識が求められるのです。

　また、賃貸経営税務に強い税理士とつながりがあるかどうか、紹介を受けることは可能かどうかも重要なチェックポイントです。

　中小企業のオーナー経営者の場合、経営している会社には当然顧問税理士がついているはずですが、顧問税理士が不動産税務に詳しいかどうかは、また別の話となります。

　とくに資産税分野については専門性が求められるため、会社の状況によっては、別途専門の税理士にコンサルティングしてもらったほうがよいケースもあります。

中小企業向けのコンサルティング実績があるか

　収益不動産が中小企業オーナー経営者のさまざまな悩みを解決する優れたツールであることは、これまでお伝えしたとおりですが、そのメリットを享受するためには中小企業および経営者の財務的状況、資産背景、ご家族背景、そしてオーナー経営者の想いをよく理解したコンサルタントからアドバイスを受ける必要があります。ただ収益不動産を購入し、管理運営をすれば悩みが解決されるわけではありません。

　中小企業および経営者向けにコンサルティングを数多く行った実績があるパートナーを選ぶかどうかは、投資の成否に大きく影響します。

知っておきたい不動産投資のリスク

　ここまで、不動産投資の基本について見てきましたが、「投資」と名の付くものには、必ずメリットの裏側にさまざまなリスクが潜んでいます。

この章の締めくくりとして、不動産投資の代表的なリスクについて触れておきます。

空室リスク

収益物件の取得後、入居者が確保できず、物件が空いたままになってしまうリスクです。賃料収入が途絶え、融資を受けて物件を取得した場合は、その返済に賃料収入が充てられなくなり、キャッシュフローがマイナスになってしまう恐れもあります。

不動産投資をする際は、満室想定家賃から空室リスクの部分を考慮して収入を見なければなりません。空室リスクへの対策は次の2つです。

①対象エリアのミクロマーケット（需給バランス）を精査する
②入居付けに強い管理会社をパートナーにする

①については、広域的な空室率ではなく、より狭小なエリアでの空室率を見なければなりません。たとえば、関西圏の某有名私立大学があるエリア近辺の空室率は平均50％ほどもあります。理由は、学生狙いの新築物件が相次いで建設されたこと、そして昨今の大学の都心回帰の流れで一部の学部が市街地に移転し、需給バランスが完全に崩れてしまったことです。

このように、ミクロマーケットの需要と供給のバランスを見て、努力しても空室率を下げられないと考えた場合、投資を見送るという判断をしなければなりません。

②については、同じエリア、同じタイプのような物件でも、空室率の高さにばらつきがあることに着目し、その中でも高い入居率を実現している管理会社を選ぶことが大切です。

賃貸管理の業界では、旧態依然とした入居者募集を行っている業者が少なくない半面、ITなどを駆使し、新たな入居者募集の手法を生み出すところで高い入居率を実現している業者もあります。その分、管理会社選びの重要性が高まっているのです。

家賃滞納リスク

　不動産投資のリスクの中で、空室とともに問題になりやすいのが家賃の滞納です。一般的には2〜3%ほどの入居者が滞納するといわれており、100戸の大規模マンションの場合、つねに2〜3人の滞納者がいることになります。

　滞納問題が厄介なのは、お金は回収していないのに、会計上は未収金として売り上げが立ち、利益が出てしまうことです。利益になるということは、その額に対して税が発生してしまいます。

　当社が考える滞納リスク回避策で大切なのは、第一印象です。収益物件の売買では、家賃が滞納あるいは遅延のまま取引されるケースがしばしばあります。売買交渉の中で滞納・遅延の是正を条件にすることもできますが、売主によっては、現状のまま引き渡すことを条件にするケースもよくあります。

　そのような物件を購入する場合は、滞納者・遅延者に対して「新しいオーナーは毅然とした対応をするんだな」と印象付けることが大切です。

　一般の入居者は、自分が住んでいるマンションのオーナーが変わることに対して不安を覚えます。その心理を利用し、所有権が変わってからの1〜2ヵ月、滞納・遅延には断固たる態度で臨むのです。

　また、新規の入居者による滞納・遅延対策としては、入居時に「家賃保証会社への加入」を必須とする方法が考えられます。こうすれば、仮に滞納が発生しても保証会社に家賃を立て替えてもらうことができます。

　それでも滞納が続く場合は、保証会社が入居者に対して立ち退き訴訟を起こしてくれますし、その費用もすべて保証会社の負担となるため、オーナーとしては安心でしょう。

火災リスク、地震リスク

　不動産投資は、建物の空間という商品を貸し出し、毎月の使用料（家賃）をもらうことで利益を得る事業ですから、商品である建物自体が火災や自然災害などで損害を受ける可能性があるのは、大きなリスクと言えます。

　建物が消失したり、崩壊したりした場合、修繕などの費用が必要となるだ

けでなく、借り入れがあった場合、返済不能になる危険性もあります。

対策方法は「保険に加入すること」。さらに言えば、「確実に保険金を受け取れる保険に入ること」に尽きます。

保険料の安さだけで保険を決める人もいますが、不動産投資・賃貸経営上のダメージを最小限に抑えるためには、なるべく補償範囲が広く、補償金額の大きな保険に入っておいたほうがいいでしょう。

最低でも火災保険と地震保険への加入は必須です。その他、水害・ひょう災・雪災補償等の特約については、昨今は温暖化の影響からなのか、台風や洪水などの被害が毎年全国のどこかで出ていますので、天災リスクに対応するためにも保険内容は充実されることをお勧めします。

金利上昇リスク

金融機関から借り入れを受けて収益物件を取得する場合、物件の利回りだけでなく、借入金利も重要となります。借入金利が上昇すれば、当然ながら返済額は増え、収支が悪化します。

日本ではいまのところ、日銀のマイナス金利政策によって空前の低金利状態が続いていますが、これが永遠に続くとは考えにくく、中長期的に見れば金利上昇は避けられないと思ってよいでしょう。

金利上昇リスクに対し、不動産投資家が取れる対策は、「自己資金の比率を上げる」「固定金利を選択する」の2つです。

教科書的な対応と思われるかもしれませんが、金利自体をコントロールすることはできないので、この2つによって影響を最小限にとどめるしかありません。なお、固定金利型のローンを選択すると、一括返済した場合にペナルティが発生するので、出口戦略が取りにくくなる可能性があります。

事故リスク（死亡事故）

収益物件を保有していると、確率はかなり低いものの、入居者が亡くなるという場面に遭うこともあります。

入居者が亡くなると、同じ物件のほかの入居者が一斉に退去する可能性が

あります。また、亡くなった方の部屋については、原状回復工事が必要となります。事故の程度によって費用には幅がありますが、単身者向けの場合で壁・天井・床のすべて（壁ボードを含む）をリフォームすると、最大で200万円近くかかります。

そしていちばんのネックは、入居者を再度募集する際、それまでの賃料水準では入居希望者が現れなくなってしまうことです。

事故を未然に防ぐ対策はありませんが、賃料の下落を小さくする方法はあります。入居者募集の際に広告料（入居成約時に仲介業者に支払う謝礼金のこと）を周辺相場以上に出すことで、高値で決まる場合もあります。

また、近年は高齢者の孤独死が多く発生していることから、一部の保険会社が収益物件のオーナー向けに死亡事故の損害を補償する保険を販売しています。原状回復工事費用、空室期間中の家賃、家賃下落分の賃料などについて補償が受けられます。

損害賠償リスク

収益物件を所有することで、他人から訴えられたり、賠償を求められたりするリスクもあります。例として、建物の不具合が原因で第三者に危害を加えてしまったケースを見てみましょう。

あるオーナーが築20年を超えたRC造の物件を購入しました。その物件は長らく大規模修繕を行っておらず、ある時、外壁タイルが剥落したのです。幸い、けが人は出ませんでしたが、建物の傍らに駐車していた数台のクルマに落下して、窓ガラスが割れたり、ボディに傷がついたりしてしまいました。

このオーナーは施設賠償責任保険に加入していなかったので、自分のお金で100万円以上の賠償をせざるを得ませんでした。

仮に施設賠償責任保険に加入していれば、審査はありますが、全額保険金で賄えたはずです。施設賠償責任保険の保険料は年間2万円にも満たない金額なので、加入しないという選択肢はないと思ってください。

物件価格の下落リスク（キャピタルロス）

　収益物件の価格は、原則的に築年数の経過とともに下がり続け、最終的には土地値に落ち着きます。

　したがって、借り入れをして収益物件を購入後、何らかの理由でその物件を売却しようとした場合、借入残高（残債）よりも低い値段しか付かず、売るに売れなくなってしまうこともあります。

　残債抹消のために追加で資金を捻出できれば損を確定できますが、資金がなければ持ち続けるしか選択肢はありません。保有し続けることで、売却できるまで残債を少なくしていくことになります。ただし、保有期間中にキャッシュフローが回っていれば持ちこたえられますが、毎月持ち出しが発生するような物件を所有して資金が枯渇すれば、最悪の場合は金融機関に差し押さえられ、競売物件となってしまう可能性もあります。

　こうしたリスクをコントロールするには、「購入時にキャピタルロスを抑えやすい物件を購入する」という、シンプルかつ当然の方法しかありません。

　視点を変えれば、適切な物件を購入し管理運用すれば、不動産投資で利益を出すのはさほど難しくはない、ということでもあるのです。

流動性リスク

　株やFX、仮想通貨などの金融投資商品は、即日売却し、数日中に現金化することができますが、収益物件を売却して現金を得るまでには一定の期間が必要となります。

　スムーズな現金化のためには、収益不動産に詳しい不動産業者に売却を依頼するのがお勧めです。信頼できる不動産業者からマーケット価格に基づいた売却金額査定を受けたうえで、どれだけ時間をかけて売却するかによって売出価格を決めるのです。

　売却に要する時間は、不動産の買取業者が買い主の場合で約2週間、一般の買主の場合で1～2ヵ月程度が一般的です。急な資金が必要になった場合、株やFXよりも換金性が悪いと言えます。

　収益物件を売却し、現金化するにはさまざまな手続きを踏まなければなりません。また、売り出し価格が相場よりも高過ぎて1年以上売れなかったとか、契約したものの買主側のローン申請が通らずに契約解除となったといったように、売却までスムーズに運ばないケースも多くあります。

　流動性の低さという収益物件のデメリットを解決するには、「よきパートナーを見つけて、収益物件を適正価格で購入し、高い入居率で管理運営し、資産価値を高く保っておく」ことが大切です。

第4章

安定収益源確保・節税・事業承継……

ニーズ別
収益不動産の活用法

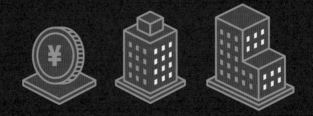

🔑 【ケース1】 安定収益源を確保する ～法人編

　この章では、第3章で説明した「不動産投資の基本」を踏まえ、不動産投資のメリットである、①安定収益源の確保、②節税効果、③自社株評価対策を含む相続対策の3つをどのようにすれば実現できるのかについて、詳細なシミュレーションをもとに解説していきましょう。

　それぞれ、法人と個人のケースに分けて対策を考えていきます。まずは、法人による安定収益源の確保についてです。

　ここまで繰り返し述べてきたように、中小企業を取り巻く経営環境は年々厳しさを増しています。「少子・高齢化」や、それに伴う「人口減少」によって売り上げは伸び悩み、人件費の高騰や借り入れ金の返済などで、出る金はどんどん増えています。

　そうした状況の中で、会社をしっかりと存続させ、大切な家族や社員を守っていくためには、本業以外にも安定的な収益源を確保しておくことが有効な対策だと言えます。収益不動産は、その対策に役立つ非常に頼もしいツールです。

　また、この本を読んでおられるオーナー経営者の中には、社会構造や産業構造の変化の影響をほとんど受けることなく、着実に業績を伸ばしている企業の経営者もいらっしゃるのではないかと思います。

　たとえば、独自の技術やビジネスモデルによって、いままでにない商品やサービスを提供しているスタートアップ企業や、ベンチャー企業などです。

　足元の業績が好調であれば、あえて本業以外の収益源を確保する必要はないと考えるかもしれません。

　しかし、ご承知のように、テクノロジーやビジネスモデルのトレンドは日進月歩で変化を遂げており、いまは"勝ちパターン"を実現できているといっても、それが5年後、10年後も持続するとは限りません。さらにイノベー

ティブな商品やサービスが登場すると、たちまち競争力を失い、稼げなくなってしまう恐れもあります。

　しかも、スタートアップ企業やベンチャー企業の場合、将来の成長に向けた先行投資のため、多額の借り入れをしているケースが多いものです。

　トレンドの変化によって将来の売り上げが先細ると、返済に充てるキャッシュが確保できなくなり、破たんのリスクも高まってしまいます。

　もちろん、自分のアイデアやビジネスモデルに自信を持っている経営者の方々は、リスクを覚悟で積極投資に踏み切るのでしょうが、万が一失敗したときのために"保険"をかけておくのは悪くないことだと思います。

　収益不動産を保有し、本業以外の安定収益源を確保しておけば、そうした"保険代わり"にもなるのです。

　では、法人が安定収益源の確保を目的として収益不動産を取得する場合、どのような手順で物件を選んだらいいのでしょうか？

　筆者は、以下の3つのステップを踏んで選ぶことをお勧めしています。

①まず、「どういう状態が理想か？」を考える
②理想を具体的な数値に落とし込むと
　キャッシュフローでいくらぐらいになるのかを計算する
③それを実現するために、
　どれくらいの自己資本が投下可能かを考える

　①については、会社の置かれている状況や、経営者の考え方によって、答えは異なってくるはずです。

　たとえば、売り上げはそれなりに上げているのに、利益がまったく残らないのであれば、「固定費を賄うために収益不動産を保有する」ことが理想になるかもしれません。

　あるいは、「いまの売り上げが長く続くとは限らないので、本業以外にも安定収益源を確保しておきたい」といったように、将来を見据えた理想を掲げるオーナー経営者もいらっしゃることでしょう。

いずれにしても、「何のために安定収益源を確保するのか？」という目的を明確にすることが、投資を始めるうえでの第一歩です。

　次に、その理想を実現するためには、いくらぐらいのキャッシュフローが必要になるのかを具体的な数値で落とし込んでみましょう。

　仮に「収益不動産で得られる家賃収入で固定費を賄いたい」というのであれば、実際に月々出ていっている固定費がいくらぐらいなのかを計算します。

　こうすれば、その金額を補えるだけの家賃を稼げる物件を選ばなければならない、という明確な目標が定まるのです（実際には、家賃収入から諸経費や税、ローンを設定して物件を取得した場合は月々の返済を差し引いた"手残り"で固定費を賄えるかどうかが重要となります）。

　「将来に備えて、本業以外にも安定収益源を確保しておきたい」というのであれば、これまで売り上げがどれだけ減ってきていて、将来どこまで減りそうなのか、といったことをシミュレーションし、それを補うにはどれくらいのキャッシュフローを確保しておいたらいいのかを計算してみましょう。

　これらの目標が定まったところで、収益不動産を取得するために投下できる自己資金が会社にどれくらいあるのかを確認します。

　実際には、自己資金のみでキャッシュフロー目標を達成できることは少なく、多くは金融機関から借り入れを起こす必要があります。

　不動産投資のメリットは、借り入れをすることでレバレッジ（77ページ参照）を効かせ、自己資金以上の物件を取得することで投資パフォーマンスを高めることが出来ることです。

　以上を踏まえて、具体的なシミュレーション例をひとつ紹介しましょう。

　ある中小企業のオーナー経営者が、経営を安定させるため、本業とは別に年間2,000万円のキャッシュフローを確保したいと考えました。

投下可能な自己資金は5,000万円程度です。仮に投資物件のFCR（総収益率、105ページ参照）を5.5％、イールドギャップ（FCRからローン定数Kを引いた値）を1.5％、投資全体に占める自己資金を10％とすると、目標投資総額（X）は以下のようになります。

$$X \times 10\% \times 5.5\% + X \times 90\% \times 1.5\% = 2{,}000万円$$
　（自己資金からのCF）　　（借り入れからのCF）

$$X \fallingdotseq 11億円$$

以上の計算によって、年間2,000万円のキャッシュフローを得るには、総額で11億円の収益物件を取得する必要があることがわかりました。

とはいえ、11億円もの資金を使って1つの物件を取得するというのは、あまり現実的ではありません。リスク分散の観点からも複数物件に分けるほうが良いです。

そもそも、この会社の自己資金は5,000万円なので、90％を借り入れられるとしても、当面投資できるのは5億円までとなります。

そこで、最終的には11億円分を投資するとして、手始めに2億〜3億円程度の複数の物件を、段階的に取得していくことにしました。

最初の物件は、次のような条件で取得しました。

📖 1棟目（鉄筋コンクリート（RC造）　築20年）

物件価格 2億8,000万円

購入諸費用 2,000万円

総投資額 3億円

満室想定家賃 2,250万円　　表面利回り 8.03％

空室損・滞納損 115万円

運営費 450万円

NOI 1,685万円　　FCR 5.61％

【融資条件】

地方銀行からの借り入れ

借入金額：2億7,500万円 （自己資金：2,500万円）

金利：1.0%

返済期間：27年

元利均等返済

年間返済額：1,163万円

（ローン定数K：4.22%、イールドギャップYG：1.39%）

以上の条件で導き出されるこの物件の税引前キャッシュフローは、次のとおりです。

税引前キャッシュフロー＝NOI：1,685万円－年間返済額：1,163万円 ＝522万円

つまり、この物件では自己資金5,000万円のうち2,500万円を投下し、物件価格の9割強に当たる2億7,500万円を借り入れることで、年間500万円を超えるキャッシュフローを得ることができたわけです。

このオーナー経営者が目指している年間キャッシュフローは2,000万円ですから、同じような物件を4棟取得すれば、目標を達成することができます。

ただし、自己資金5,000万円に対しすでに2,500万円を投下しているので、現状ではもう1棟しか買えません。

では、どのように目標を達成すればよいのでしょうか。

仮にもう1棟取得して、年間キャッシュフローを1,000万円にすれば、2〜3年で3棟目を購入できる資金を収益不動産からのキャッシュフローで作ることができます。

また、本業の業績が好調であれば、それを自己資金に足して取得のスピードを早めることを検討してもいいでしょう。

　先ほども述べたように、いまは業績がよくても、この先も好調が続くとは限りません。買えるだけの余裕があるうちに買っておいて、将来に備えておくのもひとつの方法だと思います。

🔑【ケース 2】安定収益源を確保する　〜個人編

　オーナー経営者が個人として、自分や家族の将来のために安定収入源を確保する場合も、基本的な考え方は、法人の場合と同じです。

　何が目的で、目標額はいくらなのか。それを実現するには、いくらぐらいの物件を取得する必要があるのかを逆算し、総投資額を弾き出します。

　さらに、投入できる自己資金に応じて、いくら借り入れれば物件を取得する資金が用意できるかを計算するのです。

　仮に現在、社長として2,000万円の年収があり、リタイヤ後も同程度の収入を得て生活水準を維持したいと考えるのなら、年間2,000万円のキャッシュフローが得られる物件を計画的に取得していくのが望ましいでしょう。

　その場合、＜ケース1＞と同じように、投資総額は約11億円ということになります。

　子どもが2人いて、それぞれが将来の暮らしに困らないように、年間1,000万円ずつ、計2,000万円のキャッシュフローを得られるような収益不動産を残してあげたい、といった希望がある場合でも同様です。

　金融機関から借り入れられる金額に限度があれば、1〜2棟から始めることになるでしょうが、先に取得した物件から得られるキャッシュフローをこつこつと貯めて、3棟、4棟と増やしていくのが正攻法です。

　ここまで読めばおわかりのように、目標とする金額が大きくなればなるほど、取得しなければならない収益物件の棟数は増え、計画も数年がかりとなります。

　個人で不動産投資を始めるオーナー経営者の多くは、引退のタイミングを投資計画のゴールに設定されますが、目標とするキャッシュフローの金額が

大きければ大きいほど、なるべく早めに投資を始めたほうがいいと言えそうです。

　ところで、個人で収益不動産を取得する場合、非常に大きなネックとなるのが税金の問題です。

　第1章でも解説したように、日本の税制は今後、個人は増税、法人は減税という傾向が強まっていきます。

　法人と同じように物件を取得しても、税負担が重い分、投資によって得られるキャッシュフローは少なくなってしまうのです。

　そこで検討をお勧めしたいのが、資産管理法人をつくり、法人名義で物件を取得する方法です。法人名義で物件を取得することには、次のようなメリットがあります。

● 法人化のメリット
・税金が抑えられる（個人に比べて税率が低い）
・経費の範囲が広がる
・融資面で有利（継続融資が受けやすい）

図4-1　所得税・住民税の速算表（個人）

2020年現在

課税される所得金額 （千円未満切り捨て）		税率と控除額 所得税（％）	住民税（％）	合計	
				税率（％）	控除額（万円）
	195万円以下	5		15	―
195万円超	330万円以下	10		20	9.75
330万円超	695万円以下	20		30	42.75
695万円超	900万円以下	23	10	33	63.6
900万円超	1,800万円以下	33		43	153.6
1,800万円超	4,000万円以下	40		50	279.6
4,000万円超		45		55	479.6

図4-2　法人の所得と実効税率　※資本金1億円以下

課税される所得金額	法人実効税率
400万円未満	22.04%
400万円を超え　800万円未満	23.91%
800万円超え	34.59%

※2020年度　東京都の場合

　実際、個人名義と法人名義では納税額にどれほどの違いがあるのでしょうか。課税所得2,000万円の場合で差を見てみましょう（【図4-1】【図4-2】参照）。

【個人名義の場合】

📊 **納税金額（所得税・住民税）**

　＝2,000万円×50％－279.6万円＝720.4万円

【法人名義の場合】

📊 **納税金額（法人税等）**　※上記税率によって変更になる場合があります。

　＝400万円×22.04％＋400万円×23.91％＋1,200万円×34.59％

　＝598.88万円

　このように、法人名義にすると納税額に100万円以上もの開きが出ます。

　法人の場合、個人に比べて経費の範囲が広がるので、さらに納税額を抑えることも可能です。

　ご存じのように、個人所得税・住民税は累進課税となっているので、本業の年収が高い方が収益物件を個人名義で取得すると、納税額はますます大きくなり、得られる税引後キャッシュフローが減ってしまいます。

　目安としては、給与所得と不動産所得から社会保険料などの控除を引いた課税所得が900万円を超えるようなら、法人化を検討したほうがいいでしょう。また、給与だけで課税所得が900万円を超えるような方（額面年収で1,200万円以上）は、1棟目から法人名義で取得するのがお勧めです。

　法人名義で物件を取得する場合、中小企業のオーナー経営者であれば、本業の法人名義で取得するという選択肢もありますが、個人の資産運用を目的

にするのなら、公私混同を避けるため、新たに法人（資産管理法人）を設立したほうがいいと思います。

法人には、株式会社、合同会社、合資会社、合名会社などの種類があります。不動産投資・賃貸経営が目的の場合は、株式会社か合同会社が一般的です。

どちらがよいとは一概には言えませんが、合同会社のメリットは設立コストが安い程度なので、当社としては相続時の自由度などが高い株式会社の設立を推奨しています。

ちなみに、将来、取得した収益物件を子どもたちに相続することを視野に入れている場合は、法人の株主構成を考えておく必要もあるでしょう。

オーナー経営者が資産管理法人の株式を100％保有してしまうと、本業の法人と同じように、相続・贈与時に自社株評価の問題が発生してしまいます。

これを避けるためには、子どもたちに出資金を贈与し、子どもたちの名義で法人を設立するという方法もあります。

出資金の額によっては、子どもたちに贈与税の納税義務が発生しますが、それでも不動産を取得し、資産規模が大きくなってから法人の株式を相続・贈与するのに比べれば、税負担は軽く済むはずです。

株主が子どもたちだけだと、「信用力が足りないので金融機関が融資をしてくれないのではないか？」と心配する方もいらっしゃいますが、親が連帯保証人になれば、まず問題はありません。

また、「子どもたちにも株は持たせるけれど、法人の管理は自分で行いたい」という方もいらっしゃると思います。そうした場合は、ご自身の持ち株比率は低くしつつ種類株で対応する方法もあります。たとえば、子どもたちには種類株（無議決権株式）を持たせ、オーナー経営者自身は少額出資をして、100％の議決権が与えられる「黄金株」を持つのも方法です。

このようにオーナー経営者個人の安定収益源の仕組みづくりには、個人名

義でも資産管理法人名義であっても、収益不動産を活用することはとても有効であるといえます。

🦮【ケース3】法人税の負担を軽減する（法人向け）

続いて、不動産投資の2つ目のメリットである「節税効果」を享受する方法についてシミュレーションしてみましょう。

こちらも、法人向け、個人向けの2つの方法がありますが、まずは法人向けについて見ていきます。

ここまで述べてきたように、収益不動産を取得すると、建物の減価償却費を計上することによって、申告する所得が圧縮され、法人税の納税負担を抑えることができます。

減価償却費を抑えられるスキームには、ほかにも生命保険や太陽光発電、オペレーティングリースなどさまざまな種類があります。

しかし、多額のキャッシュアウトを伴わず、本業に余分な負担をかけずに利用できるのは不動産投資以外にありません。

オペレーティングリースは、出資初年度から2年度目にかけて、出資額とほぼ同額の減価償却を得ることができますが、その代わりに、数千万円から数億円もの出資金をリース契約期間が終了するまで凍結されてしまいます。

本業に何らかの課題が発生して、まとまった資金が必要になっても、出資金を払い戻してもらうことはできません。これは非常に大きなリスクです。

生命保険も、利用するためには月々の保険料を支払わなければならず、契約内容によっては多額のキャッシュアウトを伴うことになります。

しかも、返戻率がピークを迎える時期はあらかじめ決められているので、そのタイミングを逃してしまうと、払い込んだ保険料のかなりの部分が"掛け捨て"になってしまう恐れもあります。

急にまとまった資金が必要になっても、返戻率のピークから外れた時期で

あったとすれば、解約しても十分な資金が得られず、窮地に陥る可能性があるわけです。

その点、収益不動産は、キャッシュアウトを伴わずに減価償却効果が得られるだけでなく、万が一のときにはいつでも売却できるのが、非常に大きなメリットであると言えます。

第3章でも解説したように、数ある収益不動産の中でも、短期間で大きな減価償却費を取りやすいのが、中古一棟アパートです。

なかでもお勧めなのは、耐用年数が短い木造、軽量鉄骨造の中古一棟アパートです。

木造の耐用年数は22年、軽量鉄骨造は27年ですが、税法で定められた中古物件の償却年数計算式（108ページ参照）に当てはめて計算すると、耐用年数を超えた木造物件の償却年数は4年、軽量鉄骨造物件は5年となります。

仮に建物の価格が5,000万円だとすれば、木造物件なら4年間にわたって1,250万円ずつ、軽量鉄骨造物件なら5年間にわたって1,000万円ずつ減価償却費を計上することができるわけです。

これを踏まえて、耐用年数を超えた軽量鉄骨造の中古アパート1棟を取得し、その減価償却によってどれだけの節税効果が得られるのかをシミュレーションしたのが下の例です。

📄 物件（軽量鉄骨造　築27年）

物件価格 9,500万円

購入諸経費 500万円　※すべて土地・建物に分けて資産計上とする

総投資額 1億円　（土地：3,000万円、建物7,000万円）

満室想定家賃 860万円　表面利回り 9.05％

※賃料は毎年0.5％下落

空室損・滞納損 40万円

運営費 170万円

NOI 650万円　FCR 6.5%

🗃【融資条件】

信用金庫からの借り入れ

借入金額：9,000万円　（自己資金：1,000万円）

金利：2%

返済期間：25年

元利均等返済

年間返済額：458万円

（ローン定数K：5.08%　イールドギャップYG：1.42%）

　以上の条件で導き出される物件の税引前キャッシュフローは、次のとおりです。

税引前キャッシュフロー

📲 ＝NOI：650万円－年間返済額：458万円＝192万円

　では、この物件では、どれくらいの減価償却費が得られるのでしょうか。

　耐用年数を超えた軽量鉄骨造の建物の償却年数は5年ですから、1年あたりの減価償却費は1,400万円となります。

1年あたりの減価償却費

📲 ＝建物：7,000万円÷5年＝1,400万円

　不動産投資では、減価償却費のほかに、運営費やローンの支払い利息なども費用として計上できます。

　NOIから減価償却費と支払い利息を差し引くと、1年目の本物件の課税所

得（損金）は以下のようになります。

1年目の収益不動産の課税所得（損金）

⊞ ＝NOI：650万円－支払い利息：177万円－減価償却費：1,400万円
　　＝△927万円

　以上の計算の結果、この物件を所有すると1年目に927万円の損金を計上できることがわかりました。

　現在、日本における法定実効税率は約33％なので、927万円をこの税率で掛ければ、どれくらい納税額が抑えられるのかを割り出すことができます。

1年目の税圧縮効果

⊞ △927万円×33％＝△306万円

　このように、大きな減価償却費を取ることによって、1年目に300万円以上を節税することができました。

　すでに述べたように、この物件による減価償却効果は5年間にわたって続きます。その影響による収益と納税額の推移をシミュレーションしたのが【図4-3】です。

図4-3　5年間合計の収益と納税額

税率33%

購入後年数	1	2	3	4	5
総潜在収入	8,600,000	8,557,000	8,514,215	8,471,643	8,429,285
実効総収入	8,200,000	8,157,000	8,114,215	8,071,643	8,029,285
運営費用	1,700,000	1,700,000	1,700,000	1,700,000	1,700,000
営業純利益NOI	6,500,000	6,457,000	6,414,215	6,371,643	6,329,285
元利返済額	4,577,626	4,577,626	4,577,626	4,577,626	4,577,626
税引前キャッシュフロー	1,922,374	1,879,374	1,836,589	1,794,017	1,751,659
営業純利益NOI	6,500,000	6,457,000	6,414,215	6,371,643	6,329,285
ローン利息	1,774,396	1,717,815	1,660,092	1,601,203	1,541,126
減価償却費	14,000,000	14,000,000	14,000,000	14,000,000	13,999,999
課税所得	−9,274,000	−9,260,000	−9,245,000	−9,229,000	−9,211,000
納税額	−3,060,400	−3,055,800	−3,050,800	−3,045,500	−3,039,600
税引後キャッシュフロー	4,982,774	4,935,174	4,887,389	4,839,517	4,791,259
税引前キャッシュフロー累計	1,992,374	3,801,748	5,638,337	7,432,354	9,184,013
税引後キャッシュフロー累計	4,982,774	9,917,948	14,805,337	19,644,854	24,436,113

［まとめ］

課税所得合計（損金合計）	4,621.9万円
税圧縮効果	1,525.2万円

　賃料が毎年0.5％ずつ下落すると想定しているため、税引前キャッシュフローも年々減っていますが、それに加え、毎年1,400万円ずつの減価償却費を計上しているので、課税所得は5年間にわたって920万円以上ずつの赤字となります。5年間累計の損金は4,621.9万円です。

　これを実効税率33％で割ると、5年間で合計1,525.2万円もの税圧縮効果が得られることになります。

　ところで、このケースでは6年目に減価償却効果がなくなり、その後は納税負担が増してしまいます。

　当社では、減価償却効果がなくなった物件は売却するか、別の物件を取得

して引き続き効果を得るか、という2つの方法を提案しています。

　売却する場合の条件をシミュレーションしたのが【図4-4】です。

売却条件価格 8,500万円（購入時から10％下落）
売却利回り 9.92％
売却諸費用 255万円

図4-4　売却収支と納税額

売却時表面利回り	9.92％
売却時NOI	8,429,285
物件売買価格	85,000,000
譲渡費用	2,550,000
ローン残高	75,406,497
税引前キャッシュフロー	7,043,503
取得費（減価償却前）	100,000,000
減価償却費累計	69,999,999
取得額（減価償却費後）	30,000,001
課税所得	52,449,000
納税額	17,308,100
税引後キャッシュフロー	−10,264,597

　このケースでは、売却価格を8,500万円としています。

　購入価格は9,500万円でしたが、購入から5年間が経過して10％下落したものと想定しました。

　物件価格が下がった結果、表面利回りは9.92％とかなり高い水準になりました。これほどの水準なら、買い手も比較的早く見つかることでしょう。

　売却価格から、諸費用やローン残高などを差し引いた税引前キャッシュフローは704.3万円です。

　一方、この物件を購入した時点での建物の価格は5,000万円でしたが、5年

間の減価償却によってゼロ（簿価上は1円）となり、売却によって5,244.9万円の譲渡益（特別利益）が発生しました。この利益に対する納税額は1,730.8万円です。

そして、税引前キャッシュフローから納税額を差し引いた税引後キャッシュフローは1,026.4万円のマイナスとなってしまいました。

第1章でも述べたように、減価償却による"節税"はあくまでも税の繰り延べであって、売却する際には、繰り延べてきた税金を"精算"して納めなければなりません。1,026.4万円は、その"精算分"ということです。

もちろん、繰り延べの"精算"によって、最終的に収益がマイナスになってしまうのでは、そもそも意味がありません。最終的な収支は、いったいいくらになるのでしょうか。

それを確かめるため、この物件の運営期間中に減価償却によって得られたキャッシュフローと税圧縮効果、売却時に納めた税金を合算してみましょう。

計算式は以下の通りです。

保有期間中の累計税引前CF：918.4万円　　　　a
保有期間中の累計節税金額：1,525.2万円　　　　b
保有期間中の累計税引後CF：2,443.6万円　　　a＋b

売却時の税引後CF：▲1,026.5万円　　　　　　c
🔢 最終キャッシュフロー ＝a＋b＋c＝2,443.6万円－1,026.5万円
**　　　　　　　　　　　　　＝1,417.1万円**

保有期間中と売却時のキャッシュフローの累計は税引後で1,417.1万円となりました。

物件購入時に投入した自己資金は1,000万円でしたので、最終的に417万円のキャッシュが増えたことになります。

9,500万円で購入した物件を5年後に8,500万円で売却しても、保有中に発生するキャッシュフローと節税効果によって、最終的な手取りは投下資金を

上回るのです。

　では、もしもこの物件を8,500万円で売却できなかった場合はどうなるのでしょうか？

　それをシミュレーションしたのが【図4-5】です。

　この図を見ると、購入時から物件価格が82％以下になると、税引前キャッシュフローがマイナスとなり、投下した資金を回収できなくなることがわかります。諸条件にもよりますが、購入から5年が経過しても物件価格が8割以上を保てるような物件を選ぶことが、最終的なキャッシュフローをプラスにするための鉄則だと言えそうです。

図4-5　いくらで売却すればキャッシュフローが得られるか？

物件購入価格	95,000,000	自己資金	10,000,000
購入者費用	5,000,000	税率	33%
総費用	100,000,000		

物件保有中

年数	税引前CF (a)	税引前手取り累計	損金 (課税所得)	損金 (課税所得)累計	節税金額 (b)	節税金額累計	税引後CF (a+b)	税引後CF累計	自己資金回収率
1	1,922,374	1,922,374	−3,274,000	−9,274,000	3,060,420	3,060,420	4,982,794	4,982,794	49.83%
2	1,879,374	3,801,748	−9,260,000	−18,534,000	3,055,800	6,116,220	4,935,174	9,917,968	99.18%
3	1,836,589	5,638,337	−9,245,000	−27,779,000	3,050,850	9,167,070	4,887,439	14,805,407	148.05%
4	1,794,017	7,432,354	−9,229,000	−37,008,000	3,045,570	12,212,640	4,839,587	19,644,994	196.45%
5	1,751,659	9,184,013	−9,211,000	−46,219,000	3,039,630	15,252,270	4,791,289	24,436,283	244.36%

物件売却時

売却簿価	30,000,001	税率	33%	ローン残高	75,406,497

売却価格	購入時比	売却諸費用	税引前CF (c)	売却課税利益	売却による税金 (d)	税引後手取り (c−d)	保有中＋売却累計CF	自己資金回収率 (全期間)
100,000,000	105.26%	3,000,000	21,593,503	66,999,000	22,109,670	−516,167	23,920,116	239.20%
95,000,000	100.00%	2,850,000	16,743,503	62,149,000	20,509,170	−3,765,667	20,670,616	206.71%
90,000,000	94.74%	2,700,000	11,893,503	57,299,000	18,908,670	−7,015,167	17,421,116	174.21%
85,000,000	89.47%	2,550,000	7,043,503	52,449,000	17,308,170	−10,264,667	14,171,616	141.72%
80,000,000	84.21%	2,400,000	2,193,503	47,599,000	15,707,670	−13,514,167	10,922,116	109.22%
79,000,000	83.16%	2,370,000	1,223,503	46,629,000	15,387,570	−14,164,067	10,272,216	102.72%
78,000,000	82.11%	2,340,000	253,503	45,659,000	15,067,470	−14,813,967	9,622,316	96.22%
77,000,000	81.05%	2,310,000	−716,497	44,689,000	14,747,370	−15,463,867	8,972,416	89.72%
76,000,000	80.00%	2,280,000	−1,686,497	43,719,000	14,427,270	−16,113,767	8,322,516	83.23%
75,000,000	78.95%	2,250,000	−2,656,497	42,749,000	14,107,170	−16,763,667	7,672,616	76.73%
74,000,000	77.89%	2,220,000	−3,626,497	41,779,000	13,787,070	−17,413,567	7,022,716	70.23%
73,000,000	76.84%	2,190,000	−4,596,497	40,809,000	13,466,970	−18,063,467	6,372,816	63.73%
72,000,000	75.79%	2,160,000	−5,566,497	39,839,000	13,416,870	−18,713,367	5,722,916	57.23%
71,000,000	74.74%	2,130,000	−6,536,497	38,869,000	12,826,770	−19,363,267	5,073,016	50.73%

　ちなみに、当社が提供する中古アパート・マンション物件は、リノベーションによるバリューアップなどによって、売却価格が購入価格の9割を上回る物件がほとんどであり、最終的なキャッシュフローを確保しやすいとご

好評をいただいております（多くは税金対策をしたい当社顧客にまた購入いただいております）。

このほか、物件価格に対して実売土地値が付いている物件や、大規模修繕済みで次の買い手も安定的に税の繰り延べができる物件なども、価格が下がりにくいので、最終的なキャッシュフローが得やすくなります。

以上をまとめると、法人の場合、税の繰り延べとはいえ、収益不動産を活用すると次のようなメリットがあります。

①他の節税の方法と異なり、現金流出が少なく、かつ拘束されないため自由度が高い

収益不動産購入時には融資を活用することで現金を手元に置けて、かついつでも売却することで現金化できます。

②タックスマネジメントを自在にできる

保有中は税の繰り延べで支払う税金を抑え、一方で決算調整等で利益が欲しいときには売却することで益出しすることも可能です。

オーナー経営者の意のままに税をコントロールすることができます（タックスマネジメントといいます）。

③税の繰り延べにより節税できたお金は、無利息の資金調達と同効果

経営資源で最も大切なものの一つが現金ですが、税の繰り延べにより手元に現金が残るため、見方を変えればその現金は無利息で金融機関から借りた事と同じことと言えます。

④保有中はキャッシュフローが得られる

税の繰り延べをする一方で、毎月安定的にキャッシュが入ってきますので、手元現金を確保することも可能です。

このように、法人にとって、収益不動産は節税対策ツールとして非常に有

益であると言えます。

🔑【ケース4】所得税・住民税の負担を軽減する（個人向け）

　ここまで、法人として不動産投資をした場合の「節税効果」について見てきました。

　個人で投資する場合も、やはり節税効果が得られますが、その効果の大きさは法人とは比べものになりません。なぜなら、「税制のゆがみ」を利用して、売却時に納める税金を減らすことができるからです。

　日本の税制では、個人名義で取得した不動産からの家賃による所得（不動産所得）は、給与所得や事業所得などと合算し、課税所得を決定します。これを「総合課税方式」といいます。

　総合課税により算出された所得により税金が確定しますが、日本の税制は累進課税を採用しており、所得が高いほど税率が高くなります。諸条件により多少異なりますが、給与年収が1,000万円の方は所得税・住民税の税率は30％、年収2,000万円で43％、年収5,000万円となると55％となります。

　この累進課税のため、たとえ同じ不動産所得を得ている方でも、本業の所得が多くなればなるほど、納める税金の額が大きくなるのです（【図4-6】の所得税・住民税の速算表を参照）。

図4-6　所得税・住民税速算表

課税される所得金額		所得税	道府県民税	市町村民税	合計税率
195万円以下		5%			15%
195万円を超え	330万円以下	10%			20%
330万円を超え	695万円以下	20%			30%
695万円を超え	900万円以下	23%	4%	6%	33%
900万円を超え	1,800万円以下	33%			43%
1,800万円を超え	4,000万円以下	40%			50%
4,000万円を超え		45%			55%

※復興税率除く

一方、不動産を売却する際には、「分離課税方式」が取られます。不動産売却時の所得（譲渡所得）に対して、不動産の保有期間に応じて決められている税率を掛けて納税額を決定します（【図4-7】参照）。

図4-7　不動産売却時の税率

区分	所得税	住民税	合計
長期譲渡所得	15%	5%	20%
短期譲渡所得	30%	9%	39%

※復興税率は除く

保有期間が5年未満の物件を売却して得たものが「短期譲渡所得」、5年以上保有した物件を売却して得たものが「長期譲渡所得」です。

短期譲渡所得の場合、個人所得税と住民税の合計税率は39％ですが、長期譲渡所得の場合は20％と税率が大幅に下がります。

ここで、「総合課税方式」と「分離課税方式」との間で、税率に大きな開きがあることに着目してください。これが「税制のゆがみ」なのです。

個人で不動産を保有する場合も、保有期間中は法人と同じように減価償却費を計上して、税の繰り延べ効果を得ることができます。

しかも、累進課税なので、税率が高い人ほどより大きな節税効果を享受できるわけです。

一方、売却時には、長期譲渡であれば20％の税率しかかかりません。

購入価格と売却価格が同額であったケースを仮定すると、保有中の所得税・住民税率が50％だった場合、長期譲渡税率20％との差は30％となることから、減価償却費×30％がまるまる節税出来てしまうことになります。

この「税制のゆがみ」を利用できるのは、個人ならではの大きなメリットだと言えます。

では、実際にどれくらいの節税効果が期待できるのでしょうか。具体的なシミュレーションを見てみましょう。

＜ケース3＞と同じ条件の物件を個人で取得したと仮定し、所得税・住民

税の税率は50％だったとします。

この場合、NOIからローンの支払い利息、減価償却費を差し引いた1年目の損金も、＜ケース3＞と同じく927万円です。

1年目の不動産所得

$$\text{＝NOI：650万円－支払い利息：177万円－減価償却費：1,400万円}$$
$$\text{＝△927万円}$$

※厳密には、不動産所得がマイナスのときに給与所得などほかの所得と損益通算する場合、土地取得にかかる支払利息分は損益通算から控除するというルールがあるため、上記の計算結果とは異なります。ここでは説明をわかりやすくするため、あえてこのルールを考慮せずに話を進めます。

法人（ケース3）の場合、実効税率が33％なので、税圧縮効果は306万円（△927万円×33％）でした。

このケースでは、個人所得税・住民税の合計税率が50％なので、税圧縮効果はさらに高まります。

1年目の税圧縮効果

$$\text{△927万円×50％＝△463.7万円}$$

さらに、減価償却効果などによって、5年間の収益と納税額がどのように推移するのかをシミュレーションしたのが【図4-8】です。

図4-8 　5年間合計の収益と納税額

適用税率：50%

購入後年数	1	2	3	4	5
総潜在収入	8,600,000	8,557,000	8,514,215	8,471,643	8,429,285
実効総収入	8,200,000	8,157,000	8,114,215	8,071,643	8,029,285
運営費用	1,700,000	1,700,000	1,700,000	1,700,000	1,700,000
営業純利益NOI	6,500,000	6,457,000	6,414,215	6,371,643	6,329,285
元利返済額	4,577,626	4,577,626	4,577,626	4,577,626	4,577,626
税引前キャッシュフロー	1,922,374	1,879,374	1,836,589	1,794,017	1,751,659
営業純利益NOI	6,500,000	6,457,000	6,414,215	6,371,643	6,329,285
ローン利息	1,774,396	1,717,815	1,660,092	1,601,203	1,541,126
減価償却費	14,000,000	14,000,000	14,000,000	14,000,000	13,999,999
課税所得	−9,274,000	−9,260,000	−9,245,000	−9,229,000	−9,211,000
納税額	−4,637,000	−4,630,000	−4,622,500	−4,614,500	−4,605,500
税引後キャッシュフロー	6,559,374	6,509,374	6,459,089	6,408,517	6,357,159
税引前キャッシュフロー累計	1,992,374	3,801,748	5,638,337	7,432,354	9,184,013
税引後キャッシュフロー累計	6,559,374	13,068,748	19,527,837	25,936,354	32,293,513

[まとめ]

課税所得合計（損金合計）	4,621.9万円
税圧縮効果	2,310.9万円

　5年間の税引前キャッシュフローの累計は918.4万円、損金の合計額は△4,621.9万円となりました。

　税率は50％ですから、損金×50％の△2,310.9万円が、5年間の税圧縮効果ということになります。

5年間の税圧縮効果
　△4,621.9万円×50％＝△2,310.9万円

　次に、売却時の納税額がいくらになるのかを見てみましょう。

　売却条件は、＜ケース3＞とまったく同じだったと仮定します。譲渡所得も同じく5,244.9万円です（【図4-9】参照）。

売却条件価格 8,500万円（購入時から10％下落）

売却利回り 9.92％

売却諸費用 255万円

図4-9　売却収支と納税額

売却時表面利回り	9.92％
売却時NOI	8,429,285
物件売買価格	85,000,000
譲渡費用	2,550,000
ローン残高	75,406,497
税引前キャッシュフロー	7,043,503

取得費（減価償却前）	100,000,000
減価償却費累計	69,999,999
取得額（減価償却費後）	30,000,001
譲渡所得	52,449,000
譲渡所得税	10,489,800
税引後キャッシュフロー	−3,446,297

　法人（ケース3）との大きな違いは、保有期間が5年超の長期譲渡所得となるため、20％の税率が適用される点です。

　これによって、譲渡所得税額は1,048.9万円となり、33％の税率が適用される法人に比べて680万円以上も税金が安くなります。

法人の譲渡所得税

📊 **譲渡所得：5,244.9万円×33％＝1,730.8万円　a**

個人の譲渡所得税

📊 **譲渡所得：5,244.9万円×20％＝1,048.9万円　b**

　　　　a－b＝681.9万円

では、この節税効果によって、自己資金1,000万円の投下に対し、最終的に

どれだけのキャッシュフローが得られるのでしょうか。

　計算式は以下のとおりです。

保有期間中の累積税引前キャッシュフロー：918.4万円　　a

保有期間中の累計節税金額　　　　　　：2,310.9万円　b

保有期間中の累積税引後キャッシュフロー：3,229.3万円　a＋b

売却時の税引後キャッシュフロー　　　　：△344.6万円　c

最終キャッシュフロー

🧮 **a＋b＋c＝3,229.3万円－344.6万円＝2,884.7万円**

　保有期間中と売却時のキャッシュフローの累計は、税引後で2,884.7万円となりました。自己資金1,000万円を差し引けば、1800万円以上、現金が増えたことになります。

　これほどの税圧縮効果やキャッシュフローが得られるのなら、オーナー経営者は役員報酬を高めに設定して、そのお金を不動産投資に回したほうが得策と言えるかもしれません。

　累進課税によって税率は上がりますが、その分、減価償却による税圧縮効果も高まるので、戦略次第では有利になるケースも多いはずです。

　高めの報酬を受け取り、そのお金で収益不動産を計画的に取得すれば、個人資産がどんどん膨らんでいきます。ご自身や家族の将来も、より安泰になるのではないでしょうか。

🔑【ケース5】類似業種との比較で自社株評価を下げる

　すでに繰り返し述べてきたように、不動産投資には、相続・贈与の負担を軽減する効果もあります。

　なかでも、自社株評価の圧縮によって、家族への円滑な事業承継が実現できるようになることは、中小企業のオーナー経営者にとって非常に大きなメリットだと思います。

　このケースでは、不動産投資によって、実際に自社株評価をどれくらい圧縮できるのかをシミュレーションしてみます。

　その前に、まずは自社株評価の基本について理解しておきましょう。

　以下に自社株評価の計算方法を解説いたしますが、若干難しいところもあるので読み飛ばしていただいてもかまいません。

　そもそも「自社株」とは、どういうものでしょうか？

　中小企業のオーナー経営者の中には、個人の資産形成の一環として株式投資を行っていらっしゃる方も多いと思います。

　株式投資関連のニュースで、「自社株買い」という言葉をよく見掛けますが、これは上場企業が自社の企業価値を上げるために実施する資本政策のひとつであって、この本で取り上げる「自社株」とは意味合いが異なります。

　一般に、中小企業の事業承継において問題となる「自社株」とは、同族会社のオーナー経営者や、その一族が所有する株式のことです。

　では、上場企業の「自社株」と、中小企業の「自社株」と大きな違いとは何でしょうか？

　最大の違いは、「その株式の価値を評価できる相場が存在するかどうか？」という点です。

　上場企業の「自社株」は、証券取引所における売買によって相場が形成され、価値が決まります。

　一方、中小企業の「自社株」のように、上場していない会社の株式には、客観的に評価できる相場がありません。

　そこで国税庁は、「財産評価基本通達」の中で、「取引相場のない株式」の評価方法というものを定めています。

　中小企業の「自社株」は、この評価方法によって「いくらになるのか？」を決められ、その金額に応じて相続・贈与税が課せられるわけです。

国税庁は、「取引相場のない株式」の評価方法として、「原則的評価方式」と「配当還元方式」の2つを用意しています。

　原則的評価方式とは、会社の業績や資産内容等を反映した評価方法であり、「類似業種比準価額方式」「純資産価額方式」および、これらの併用方式によってその会社の株価がいくらになるのかを評価します。

　一方、配当還元方式とは、文字どおり「株主に還元される配当金」のみに着目して評価額を計算する評価方法です。一般的には、配当還元方式のほうが株価の評価は低くなる傾向があります。

　原則的評価方式と配当還元方式のどちらを採用するのかは、評価する会社の議決権割合によって決まります。

　【図4-10】は、その判定方法をチャートで示したものです。

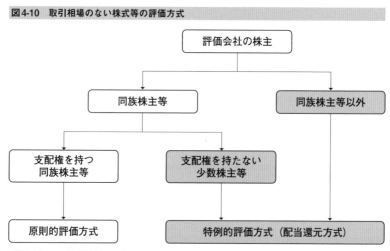

図4-10　取引相場のない株式等の評価方式

同族株主等とは、「同族株主」と同族株主のいない会社における
「議決権割合の合計が15％以上の株主グループに属する株主」

　チャートの左側に示されている「同族株主等」とは、オーナー経営者やその同族関係者のことです。同族関係者が会社の議決権の30％以上を持っている場合は、支配権を持つ「同族株主等」であるとみなされ、原則的評価方式が適用されます。

　これに対し、同族株主等がいない会社や、同族株主等がいても支配権を持たない少数株主等である場合は、配当還元方式が適用されます。

　本書をお読みの中小企業オーナーは、ほとんどが「同族株主等」だと思いますので、以下、原則的評価方式の仕組みや計算方法について説明します。

　先ほども述べたように、原則的評価方式には、類似業種比準価額方式と純資産価額方式、その併用方式の3つの方式があります。

　どの評価方式が適用されるのかは、会社の規模によって決まります。具体的には、【図4-11】のようになります。

図4-11　会社規模の区分に応じた評価方式の概要

会社の規模	評価方式	備考
大会社	類似業種比準価額	純資産価額でもよい
中会社の大	類似業種比準価額×90％＋純資産価額×10％	
中会社の中	類似業種比準価額×75％＋純資産価額×25％	
中会社の小	類似業種比準価額×60％＋純資産価額×40％	
小会社	純資産価額	（類似業種比準価額×50％＋純資産価額×50％）でもよい

　大会社とは、従業員が70名以上、または総資産価額が15億円から20億円以上（業種によって異なる、以下同）、あるいは前期の売上高が15億円から30億円以上の会社のことです。

　中会社は、従業員が70名未満で、純資産価額が4,000万円から7,000万円以上、あるいは前期の売上高が6,000万円から2億円以上で、大会社の売上高には満たない会社です。

　中会社は、さらに「中会社の大」「中会社の中」「中会社の小」の3つに分類され、それぞれごとに類似業種比準価額方式と純資産価額方式の併用割合が異なります。

　小会社とは、従業員が70名未満で、純資産価額が4,000万円から7,000万円未満、あるいは前期の売上高が6,000万円から2億円未満の会社です。

　どの会社規模に該当するのかは、業種によって大きく異なりますので、詳しくは税理士などに尋ねてみましょう（【図4-12】参照）。

図4-12　会社規模の判定表

総資産額（帳簿価額）			従業員数	年間の取引額			会社の規模との割合	
卸売業	小売・サービス業	卸売業、小売・サービス業以外		卸売業	小売・サービス業	卸売業、小売・サービス業以外		
20億円以上	15億円以上	15億円以上	35人超	30億円以上	20億円以上	15億円以上	大会社	
4億円以上	5億円以上	5億円以上	35人超	7億円以上	5億円以上	4億円以上	0.9	中会社
2億円以上	2.5億円以上	2.5億円以上	20人超35人以下	3.5億円以上	2.5億円以上	2億円以上	0.75	
7,000万円以上	4,000万円以上	5,000万円以上	5人超20人以下	2億円以上	6,000万円以上	8,000万円以上	0.6	
7,000万円未満	4,000万円未満	5,000万円未満	5人以下	2億円未満	6,000万円未満	8,000万円未満	小会社	
（イ）			（ロ）	（ハ）				

① 総資産額基準（イ）と従業員数基準（ロ）とのいずれか下位の区分を採用。
② ①と取引金額基準（ハ）のいずれか上位の区分により会社規模を判定。

　次に、類似業種比準価額方式と、純資産価額方式の計算方法について見ていきます。

　類似業種比準価額方式は、事業内容が自社と類似する業種目の上場企業の価値と比較して自社の株価を算定する方法となります。

　具体的には、自社の事業に該当する業種（類似業種）の上場企業（以下、類似会社）の配当金、利益、純資産価額を基として、以下のように計算します。

類似業種比準価額方式の計算方法

比準割合＝

$$\frac{\dfrac{\text{自社の1株当たり配当金額}}{\text{類似会社の1株当たり配当金額}}+\dfrac{\text{自社の1株当たり利益}}{\text{類似会社の1株当たり利益}}+\dfrac{\text{自社の1株当たり純資産価額}}{\text{類似会社の1株当たり純資産価額}}}{3}$$

　後ほどのシミュレーションにおいては、この計算の基礎となる類似会社の配当金を「A」、利益を「B」、純資産価額を「C」とし、自社の配当金は「A'」、利益は「B'」、純資産価額は「C'」とします。

比準割合＝

$$\cfrac{\cfrac{A'}{A}+\cfrac{B'}{B}+\cfrac{C'}{C}}{3}$$

　次に、純資産価額方式の計算方法です。

　基本的には、評価する時点（課税時期）の資産から負債を差し引いた金額が純資産価額となります。

　まず、会社の所有する資産および負債を「相続税評価額」によって評価し、資産の合計額から負債の合計額を差し引いて、相続税評価額ベースの純資産額を求めます。

　次に、帳簿価額による資産の合計額から負債の合計額を差し引いて、帳簿上の純資産価額を算出します。

　相続税評価額ベースの純資産価額から、帳簿上の純資産価額を差し引いたものが"含み益"（評価差額）となります。

　この評価差額に37％の税率を掛けた金額（法人税相当額）を相続税評価額ベースの純資産価額から差し引き、課税時期における発行済み株式数で割ったものが1株当たりの純資産価額です。計算式は以下のとおりです。

純資産価額方式の計算方法

1株当たり純資産価額＝

資産の相続税評価額の合計額－負債の合計額
－法人税相当額（評価差額の37％）
**　　課税時期における発行済み株式数（自己株式控除後）**

　以上が計算の基本ですが、純資産価額方式では、相続税評価額ベースの純資産価額を求める時点で、税法上のルールに沿って、資産・負債の評価を下げることが可能です。

　たとえば賃貸用不動産の場合、貸家建付地評価および貸家評価により、評価減が得られます。

また、保有後3年以上が経過した土地・建物については、土地は相続税路線価評価、建物は固定資産税評価額による不動産の相続税評価額を当てはめることで、資産価値の評価を下げることができます。

　併せて貸家建付地、および貸家に対する評価減も利用できるので、自社株評価を大きく下げることが可能です。

　以上のような類似業種比準価額方式、純資産価額方式の計算方法を踏まえ、収益不動産を保有すれば、どれだけ自社株評価を下げられるのかについてシミュレーションしてみましょう。

　まずは、類似業種比準価額方式の計算方式をもとに、自社株評価を下げる方法を考えてみます。

　174ページに示した類似業種比準価額方式の計算式を見ると、構成要素の3分の1は「利益」（1株当たり利益）であることがわかります。

　非上場の中小企業は「配当」を行っていないケースが多いため、実質的には利益が構成要素の2分の1を占めている会社がほとんどだと言えるでしょう。

　言い換えれば、利益を圧縮することによって、自社株評価も大幅に下げられる可能性があるということです。

　この考え方をもとに、収益不動産を所有すると、どれだけ利益が圧縮できるのかをシミュレーションしてみます。

　まず、前提条件として、類似企業の利益（B）、純資産価額（C）と、自社の利益（B'）、純資産価額（C'）がまったく同じであったとします。

　どちらも利益は3,000万円、純資産価額は2億円です。

A' ＝ 0円

B ＝ B' ＝ 3,000万円

C ＝ C' ＝ 2億円

　自社の配当は0円なので、計算から除外します。

　この前提条件を、174ページに示した計算式に当てはめると、以下のようになります。

📊 比準価額＝

$$\frac{\dfrac{0\,(A')}{A}+\dfrac{3,000万円\,(B')}{3,000万円\,(B)}+\dfrac{2億円\,(C')}{2億円\,(C)}}{3}$$

　上記の計算式のうち、以下のシミュレーションでは分子の部分を比較対象とするので、分母の「3」は無視します。

　また、「A」と「A'」は計算すると「0」、「B」と「B'」、「C」と「C'」はそれぞれ「1」となります。結果として、この計算式は以下のように単純化することができます。

📊 比準価額＝0＋1＋1＝2

　以上の条件のもと、自社株評価を下げるため、次のような収益不動産を購入します。

📑 **木造アパート、築22年（減価償却期間4年）**

物件価格 2億円　（土地6,000万円、建物1億4,000万円）

家賃収入 1,600万円

空室・滞納損失 100万円

運営費 300万円

NOI 1,200万円

🗄 **【融資条件】**

借入金額：1億8,000万円　（自己資金2,000万円）

金利：2％

返済期間：20年

1年当たりの減価償却費：3,500万円

1年当たりの支払い利息：350万円

1年目の不動産の課税所得：△2,650万円　（法人実効税率を33％とする）

1年目の会社全体の利益

🖩 3,000万円－2,650万円＝350万円

　このケースでは、本業の利益は3,000万円だったものの、収益物件を取得したことにより1年目で3,500万円の減価償却費が発生し、家賃収入などを加えても1年目の不動産の課税所得が2,650万円のマイナスとなりました。

　その結果、会社全体としての利益（B'）は、3,000万円から350万円に大きく減りました。

　これによって、類似業種比準価額方式による自社株評価は、どの程度変わるのでしょうか。

　先ほどの計算式に当てはめると、次のような結果になります。

🖩 比準価額＝0＋$\dfrac{350万円（B'）}{3,000万円（B）}$＋1＝1.117

　対策前と比較すると、類似業種比準価額は、

🖩 $\dfrac{1.117}{2}$＝55.85％（44.15％減）

　と、大幅に圧縮されました。

　このように、収益物件を取得すると、減価償却効果によって利益が大幅に圧縮され、自社株評価を大きく下げられることがわかります。

　自社株の評価を下げて、子どもへの贈与の負担をなるべく抑えたいと考えておられる方は、そのタイミングで収益不動産を取得することが有効な解決策になることが、おわかりいただけるのではないかと思います。

　ここで着目していただきたいのは、物件購入時に2,000万円の自己資金を

投下し、1年目でそれを上回る3,500万円の減価償却費の計上、および全体として2,650万円の損金をつくることができている点です。

　このように、トータルではキャッシュフローを確保しながら、利益を圧縮し、自社株評価を下げられるのが不動産投資の大きなメリットです。

　なお、類似業種比準価額は、分子3要素（配当・利益・純資産価額）の単純平均によって比準価額を算出するため、厳密には、自社と類事業種の純資産価額の多寡や、類似業種の利益金額によって評価額が変動します。

　そのため、同じ利益の圧縮額であっても、一律に自社株評価の圧縮効果が得られるとは限りません。

　また、より大きな圧縮効果を得るためには、減価償却費を多くして会社全体の利益をマイナス（赤字）にしてしまえばよいのではないか、とお考えの方もいらっしゃると思いますが、当社では、そのような方法はあまりお勧めしていません。

　たしかに、減価償却費をより多く取って赤字にすれば、B'はゼロになりますし、C'の数字を小さくすることもできるので、比準価額はさらに圧縮されます。しかし、それによって分子3要素のうちの2つ（配当と利益）がゼロになってしまうと、残りは純資産価額のみなので、自動的に純資産価額方式で評価せざるを得なくなってしまいます。

　後述するように、純資産価額方式による評価は、類似業種比準価額方式による評価よりも高くなりやすいので、利益を赤字にはせず、類似業種比準価額方式を利用するほうが得策となる場合もあります。

　どちらの方式が望ましいのかについては、税理士などの専門家に相談してみてください。

🔑【ケース6】 純資産価額を圧縮して自社株評価を下げる

　＜ケース5＞では、収益不動産を取得して減価償却効果を得ることによって、会社全体の利益を圧縮し、自社株評価（比準価額）を大きく下げられることがわかりました。

　ただし、先ほども述べたように、自社株の評価方法には類似業種比準価額方式、純資産価額方式の2つがあり、会社の規模によっては、この2つの方式を併用することになります。

　ですから、自社株評価をより下げるためには、純資産価額も圧縮させたいところです。

　じつは、収益不動産を保有すると、純資産価額も大幅に圧縮できる可能性があります。

　なぜなら、計算の元となる現預金や有価証券などの資産を収益不動産に組み替えることで、相続税評価額を下げることができるからです。

　第1章で見てきたように、日本の中小企業の多くは、事業環境の急速な変化とともに苦しい経営を余儀なくされています。しかし、目の前の業績は厳しくても、じつはかなりの資産を持っている中小企業が少なくありません。

　高度経済成長期や“バブル景気”の時代に稼いだ利益余剰金や、有価証券の含み益など、“過去の栄光”によって積み上がった資産を抱えているのです。

　これらの資産が大きいほど、純資産価額方式による自社株評価は高くなりやすく、事業承継に苦しむことになってしまいます。

　この問題の有効な解決策は、含み益のある資産をなるべく減らし、負債を増加させて純資産を減らすことです。そのためのツールとして、収益不動産が役に立ちます。

　以下、具体的にシミュレーションしてみましょう。

図4-13　貸借対照表

資産	40,000万円	負債	20,000万円
		純資産	20,000万円
計	40,000万円	計	40,000万円

　まず、対策前の貸借対照表は【図4-13】のとおりだったとします。資産、負債は相続税評価とし、含み益はゼロとします。

　この前提条件のもとで、＜ケース5＞と同じ収益物件を取得すると想定しました。

木造アパート、築22年（減価償却期間4年）

物件価格 2億円　（土地6,000万円、建物1億4,000万円）
（以下略、＜ケース5＞を参照）

【融資条件】

借入金額：1億8,000万円　（自己資金2,000万円）
（以下略、＜ケース5＞を参照）

　この物件の相続税評価は以下のとおりです。

相続税評価額：土地1億円（相続税路線価）、建物4,000万円
土地の借地権割合：70%
建物の借家権割合：30%

※収益不動産（賃貸用不動産）は、第三者に不動産を貸し出している点を考慮し、相続税評価をする際には一定の減額措置が受けられます（【図4-14】参照）。

図4-14 収益不動産は市場価値に比べ相続税評価額は大きく下がる

1. 土地貸家建付地での評価減
   相続税路線価×面積×（1－借地権割合※×借家権割合30％）
   ※一般的には60～70％

2. 建物を賃貸に出していることによる評価減
   固定資産税評価額×（1－借家権割合30％）

　この物件を取得する前の純資産価額方式による自社株評価額は、以下のとおり、2億円でした。

純資産価額（不動産購入前）

📊 **資産4億円－負債2億円＝2億円**

　では、物件取得後に自社株評価額はどう変わるのでしょうか？

　以下のように、購入後の経過年数によって評価が2段階で変わります。

1. 不動産購入後の純資産価額方式の評価額

　会社が課税時期前3年以内に購入した不動産は、通常の取引価格（時価）で評価されます。

　そして、不動産価格が課税時期における通常の取得価格に相当すると認められる場合は、帳簿価格（簿価）で評価します。

　収益不動産の場合、土地については貸家建付地の評価減、建物については貸家としての評価減が適用できます。

土地の評価減後の価額

📊 **取得価格　6,000万円×（1－0.7×0.3）＝4,740万円**

建物の評価減後の価額

📊 **取得価格　1億4,000万円×（1－0.3）＝9,800万円**

　この結果、貸借対照表は【図4-15】のようになります。

図4-15　貸借対照表（不動産購入後）

資産	38,000万円	負債	20,000万円
土地	4,740万円	借入金	18,000万円
建物	9,800万円	純資産	14,540万円
計	52,540万円	計	52,500万円

　土地・建物の取得によって、資産が4億円から5億2,540万円に増える一方、物件取得のための借り入れによって負債も2億円から3億8,000万円（元の負債＋借入金）に膨らみ、純資産価額は1億4,540万円となりました。

純資産価額（不動産購入後）

🖩 **資産5億2,540万円－負債3億8,000万円＝1億4,540万円**

　不動産購入前の純資産価額が2億円だったのですから、評価を27.3％下げることができたわけです。

2.　不動産購入から3年経過後の純資産価額

　不動産を購入してから3年が経過すると、土地は路線価、建物は固定資産税評価額に基づく相続税評価額を適用することが可能になります。

　併せて、土地については貸家建付地の評価減、建物については貸家としての評価減が適用できるので、不動産購入から3年未満に比べて、自社株の評価額はさらに下がります。

　以下に具体的なシミュレーションを示しますが、計算を単純化するため、次の条件を設定します。

・3年経過しているが、路線価、固定資産税評価額は取得時と同額とする
・3年経過しているが、借入金は減っていないものとする
・3年経過しているが、物件からの収入等はないものとする

　土地・建物の評価減後の価額は、以下のようになります。

土地の評価減後の価額

🧮 **路線価　1億円×（1－0.7×0.3）＝7,900万円**

建物の評価減後の価額

🧮 **固定資産税評価額　4,000万円×（1－0.3）＝2,800万円**

　この結果、貸借対照表は【図4-16】のようになります。

図4-16　貸借対照表（不動産購入3年後）

資産	38,000万円	負債	20,000万円
土地	7,900万円	借入金	18,000万円
建物	2,800万円	純資産	10,700万円
計	48,700万円	計	48,700万円

　相続税評価を適用したことで、資産が購入後3年未満時点の5億2,540万円から4億8,700万円に減り、結果として純資産価額も1億700万円まで圧縮することができました。

純資産価額（不動産購入3年後）

🧮 **資産4億8,700万円－負債3億8,000万円＝1億700万円**

　不動産を購入する前の純資産総額は2億円でしたから、じつに46.5％も圧縮できたことになります。

　以上のように、類似業種比準価額方式、純資産価額方式のいずれにおいても、収益不動産を活用すると、自社株評価を大幅に圧縮できることがおわかりいただけたのではないかと思います。

　「自分の会社の場合、どのように活用すればよいのか？」と思った方は、税理士などの専門家に相談しつつ、物件の選定や取得に当たっては、法人向け収益不動産活用の実績がある専門会社に依頼することをお勧めします。

🔑【ケース７】収益不動産で個人の相続税負担を抑える

　第1章でも触れましたが、オーナー経営者は、後継者のために自社株評価を下げるだけでなく、ほかの家族のことも考えて相続対策を行っておく必要があります。

　オーナー経営者の資産内訳を見ると、自社株が相当の割合を占めるケースが多いものです。それをすべて後継者に相続・贈与すると、ほかの家族に不公平感が出てしまいます。

　ほかの家族にも財産を残してあげないと、取り分の少ない家族が後継者に遺留分減殺請求をするといったトラブルに発展しかねません。

　だからといって、複数の家族に自社株を分け与えるのも賢明な策とは言えません。後になってから経営を巡って家族同士で揉める原因になります。

　このような相続を巡る家族のいざこざを回避するうえでも、収益不動産が役に立ちます。

　＜ケース6＞で示したように、物件の市場価格（時価）と相続税評価額の差を利用し、借り入れによって相続税評価額上の資産を圧縮すれば、財産分与がしやすくなるからです。

　具体的にシミュレーションをしてみましょう。

　以下のような家族構成で、相続を行うと想定します。

家族構成　本人（会社オーナー）、妻、長男（会社の後継者）、長女
保有資産　自社株（3億円）、現金1億円
　　　　　　自宅（土地8,000万円、建物2,000万円）　市場価値は1.2億円
　　　　　　※金額は相続税評価額、個人債務なし

　相続税の算出方法については、先に詳しく解説しましたが、簡単におさらいしておきます。

相続税算出の基礎

①各財産の相続税評価額に基礎控除額を控除した金額を算出する

・基礎控除額：　3,000万円 ＋ 600万円×法定相続人の数

・相続税評価額が基礎控除額を下回る場合は、相続税はかからない

・生命保険や死亡退職金の非課税限度額は、

　それぞれ、500万円×法定相続人の数

②法定相続どおりに相続したとして、相続税総額を計算する

③上記②で求めた総額に対し、実際に相続する割合に応じて、

　各相続人の税額を按分する

なお、自宅の土地に関しては「特定居住用地の特例」が適用されます。

このケースでは、自宅の土地の本来の評価額は8,000万円ですが、特例の適用によって80％減の1,600万円となります。

以上の計算式に基づいて、このケースにおける相続税の課税対象額を計算すると、以下のとおり、3億8,800万円となります。

相続財産の総額

自社株3億円＋現金1億円＋自宅土地1,600万円＋自宅建物2,000万円
＝4億3,600万円　a

基礎控除額

3,000万円＋600万円×法定相続人3人＝4,800万円　b

相続税の課税対象額

a－b＝3億8,800万円

これを法定相続割合どおりに相続すると、以下のとおり、相続税総額は1億480万円となります（55ページの【図1-17】相続税の速算表を参照）。

課税対象額を法定相続割合で按分する

妻　　3億8,800万円×1/2（法定相続分）＝1億9,400万円

長男　3億8,800万円×1/4（法定相続分）＝9,700万円

長女　3億8,800万円×1/4（法定相続分）＝9,700万円

各相続人の相続税額を算出する

妻　　1億9,400万円×40％（税率）－1,700万円（控除）＝6,060万円

長男　9,700万円×30％（税率）－700万円（控除）＝2,210万円

長女　9,700万円×30％（税率）－700万円（控除）＝2,210万円

相続税総額

6,060万円＋2,210万円＋2,210万円＝1億480万円

　仮に法定相続割合どおりに相続したとすると、各相続人の納税額は以下のとおりとなります。

妻　　1億480万円×1/2＝5,240万円※

長男　1億480万円×1/4＝2,620万円

長女　1億480万円×1/4＝2,620万円

　※実際には、妻は配偶者控除を受けられるので相続税はゼロになる。

　実際には、上記のように各相続人が法定相続割合に応じて財産を相続することは稀です。

　このケースでも、事業の後継者である長男が自社株をすべて承継すると、法定相続割合を大きく上回ってしまいます。

　このままでは相続後に揉める可能性もありますが、ひとまず長男が自社株のすべてを、妻と長女は現金と自宅をほぼ均等に相続したとすると、それぞれの納税額は以下のようになります。

妻　　1億480万円×（自宅土地1,600万円＋自宅建物2,000万円
　　　　　　　　＋現金2,000万円）／4億3,600万円＝1,346万円※
長男　1億480万円×自社株3億円／4億3,600万円＝7,211万円
長女　1億480万円×現金8,000万円／4億3,600万円＝1,923万円
　※妻の相続税はゼロになる。

　この場合、財産分与をいかに公平にするかということに加え、長男が7,000万円以上もの納税資金をどうやって確保するのか、という問題が出てきます。

　そこで役に立つのが収益不動産です。

　収益不動産を活用すれば、相続資産を圧縮し、結果的に相続税金額を大きく減らすことができます。

　基本的な考え方は＜ケース6＞の自社株評価の圧縮と同じですが、個人の相続税対策においては、法人よりもダイレクトに資産を圧縮できますし、購入した直後から効果が得られます。

　事業承継を考えると、生前に自社株を長男に贈与（または売買）するのが望ましいと言えますが、ここでは、相続によって事業承継をした場合でも、資産の圧縮によって税負担を軽減できるということを、シミュレーションによって説明します。

　まず、以下のような条件で収益不動産を購入したと想定します。

📋 **物件概要**

市場価格：8億円
相続税評価額：4億5,000万円

融資額：7億5,000万円　（自己資金5,000万円）

　購入するのは1棟でも構いませんが、後継者以外の家族にも分与することを考えるのであれば、上記の市場価格の範囲内で、複数棟を購入したほうが

いいかもしれません。2億円から3億円の物件を、2〜3棟購入するといったイメージです。

　いずれにしても、購入後の相続税評価額は以下のようになります。

購入後の相続税評価額

　保有資産：自社株（3億円）、現金5,000万円

　　　　　　自宅（土地8,000万円、建物2,000万円）

　　　　　　収益不動産4億5,000万円

　債務：7億5,000万円

　　※自宅の市場価値（時価）は1億2,000万円

　　※自宅土地に関しては「特定居住用地の特例」が適用され、80％減

　　　の1,600万円となる

　そして、この状態で相続が発生すると、相続税の納税額は以下のようになります。

相続財産の総額

🧮 自社株3億円＋現金5,000万円＋自宅土地1,600万円

　　＋自宅建物2,000万円＋収益不動産4億5,000万円

　　－負債7億5,000万円＝8,600万円

相続税の課税対象額

🧮 8,600万円－4,800万円（基礎控除）＝3,800万円

課税対象額を法定相続割合で按分する

🧮 妻　　　3,800万円×1/2＝1,900万円

　　長男　　3,800万円×1/4＝950万円

　　長女　　3,800万円×1/4＝950万円

各相続人の相続税額

- 妻　1,900万円×15%（税率）－50万円（控除）＝235万円
- 長男　950万円×10%（税率）＝95万円
- 長女　950万円×10%（税率）＝95万円

相続税総額

235万円＋95万円＋95万円＝425万円

このように、相続税総額を425万円に圧縮することができました。

対策前の相続税総額は1億480万円でしたから、じつに1億円以上もの節税が実現することになります。

ただし、この対策を実行する場合には、いくつかのポイントに留意することが必要です。

まず、収益不動産を活用することで相続税は大きく圧縮できますが、ローンを組んで物件を購入しているので、当然ながら借入金の返済義務が発生します。購入した物件の空室率が上がったり、修繕費が多くかかったりすると返済に窮する可能性があるので、十分なキャッシュフローを確保できる物件を選ぶことが大切です。

また、1つの物件を複数の相続人で共有すると、後々揉める原因となります。できることなら複数棟を取得し、それぞれの相続人が単独の所有権で相続できるようにしておくといいでしょう。

コラム

相続税評価額の過度な圧縮は禁物です

　収益不動産を活用した相続税対策において、過度な圧縮策は税務当局から否認されるリスクがあることに注意が必要です。

　具体的な判例のひとつに、東京地裁平成29年（行ウ）第539があります。

　本件は、相続が発生する3年5ヵ月前に被相続人（亡くなった方）が収益不動産を1棟、同じく2年6ヵ月前にさらに1棟購入し、同時に借り入れを起こすことで、不動産の時価と相続税評価額の差、および借り入れを他の相続財産と合算し、相続税をゼロとして申告したことに対するものです。

　税務署は、評価通達6項（評価通達の定めにより評価することが著しく不適当な場合に国税庁長官の指示で評価する定め）に基づき、別途不動産鑑定士による鑑定評価額による評価を行い、その評価が適正として更正処分を行いました。なお、相続人は相続開始の9ヵ月後に購入した不動産を売却しています。

　裁判の結果、東京地方裁判所は国（税務署）の主張どおり、本件での評価通達6項に基づく鑑定評価額を認めました。

　租税負担の実質的な公平を著しく害することが明らかな「特別の事情」がある場合には、評価通達で定める以外の合理的な方法で評価することが許されると解すべきとして、評価通達6項の定めを支持した形となります。

　このように、行き過ぎた相続税対策は法に抵触し、かえって不利益を大きくする可能性があります。

　相続や事業承継は時間をかけることが税務リスクを下げるポイントになるかと思いますので、直前ではなく余裕をもって実行するなど、なるべく早い段階から対策を講じていくことが大切だと言えます。

第5章

悩みを解決した３名の中小企業オーナーが
不動産活用の
メリットについて語る

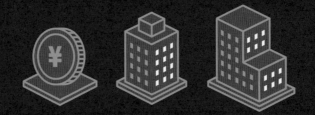

本業の将来が不安なので、
いまのうちに安定収益源を確保したい

〜A様

年齢	48歳
業種	インターネットサービス・物販
売上	3億円
経常利益	5,000万円

　ここまで、収益不動産の活用によって、安定収益源の確保、節税、相続対策という中小企業のオーナー経営者の"3つの悩み"が、いかに実現できるのかということを説明してきました。

　本書の最後となる第5章では、実際に収益不動産を活用して、悩みを解決された3名のオーナー経営者の事例を紹介します。

　いずれも、実際に当社にご相談にいらっしゃったお客さまで、「想像以上の効果が得られた」とご満足いただいています。

　なお、お客さまのプライバシーを考慮して、事例には多少のアレンジを行っています。写真掲載した物件もイメージであり、実際のものとは異なります。

　最初に紹介するのは、インターネット関連ビジネスで成功を遂げたベンチャー企業のオーナー経営者のA様です。

　A様は2000年代後半に、当時盛り上がっていたインターネットによる通販サービスの会社を立ち上げました。

　その後、ビジネスは順調に成長し、10年目（第10期）には売上3億円まで

事業規模を拡大しています。

　第10期の主な損益状況は、以下のとおりでした。

A様の会社（ネット系サービス・物販会社）　第10期
売上３億円、粗利１億円、販管費5,000万円、経常利益5,000万円

　幸い、「リーマンショック」による世界経済の最悪期を過ぎてからビジネスを始め、2012年以降の「アベノミクス」による景気回復という追い風もあったので、ここまでは比較的、順風満帆に事業を大きくすることができました。

　しかし、「ネットビジネスの世界では、絶えず新しいテクノロジーやビジネスモデルが生み出され、昨日までは通用していた"勝ちパターン"が、あっと言う間に時代遅れになってしまいます。変化の激しい環境の中で、この先も10年、20年と勝ち続けることができるのか不安に感じていました」と、A様は語ります。

　そこでA様は、ネット通販に続く新たな事業を立ち上げ、安定収益源を確保したいと考えるようになりました。

　「何かいい新規ビジネスはないかとアンテナを張り巡らせていたところ、たまたま読んだ新聞で、大企業がオフィスビルなどの賃料収入で稼いでいるという記事を見掛けました。新聞社や通信会社など、不動産とはあまりかかわりのないサービスを提供している大手企業が賃貸経営に力を入れていることを知って、これだと思いました」（A様）

　「少子・高齢化」と、それに伴う「人口減少」によって、新聞購読者や、携帯電話など通信サービスの利用者は頭打ちとなっています。やがて本業だけでは稼げなくなると考えたこれらの会社は、売り上げの目減りを不動産が生み出す安定収益で補おうとしているのでした。

　「大手も始めているのだから、新たなビジネスは不動産で間違いない」と思い立ったA様は、当社にご相談にいらっしゃいました。

　A様は収益不動産の活用によって、ひとまず販管費の半分に当たる2,500万円が賄えるぐらいのキャッシュフローを確保し、ゆくゆくは販管費の全額

（5,000万円）を不動産事業の利益でカバーしたいと考えました。

A様の会社が自己資金として投下できるのは最大で1億円です。

この自己資金をもとに、金融機関から融資を受け、購入できる範囲で少しずつ物件を取得する戦略を取りました。

取得する物件のポートフォリオは、新築と中古をバランスよく組み合わせることにしました。

A様がこれまでに取得した物件の概要は、以下のとおりです。

物件1（1棟中古リノベーション物件「Z-RENOVE」 築25年　RC造）

物件価格 4億円

購入諸費用 1,500万円

家賃 3,400万円（表面利回り8.5％）

運営費・空室損・滞納損 680万円

NOI 2,720万円（FCR 6.55％）

【資金計画】

自己資金：1,500万円

融資：4億円（地方銀行、金利1.0％、期間28年、元利均等返済）

年間返済額：1,638万円（ローン定数K4.1％）

税引前CF ＝ NOI 2,720万円 － 返済額1,638万円 ≒ 1,080万円

物件2（1棟新築アパート（Z-MAISON）　新築　木造）

物件価格 1.25億円

購入諸費用 500万円

家賃 940万円（表面利回り7.52％）

運営費・空室損・滞納損 190万円

NOI 750万円（FCR 5.81％）

🗄【資金計画】

自己資金：1,500万円

融資：1.1億円（金利0.8％、期間35年、元利均等返済）

年間返済額：360万円（ローン定数K3.27％）

📊 税引前CF＝NOI 750万円－返済額360万円＝390万円

📑 物件3（1棟中古リノベーション物件「Z-RENOVE」　築22年　RC造）

物件価格 2億円

購入諸費用 800万円

家賃 1,500万円（表面利回り7.5％）

運営費・空室損・滞納損 350万円

NOI 1,150万円（FCR 5.52％）

🗄【資金計画】

自己資金：3,800万円

融資：1.7億円（金利0.8％、期間27年、元利均等返済）

年間返済額：700万円（ローン定数K4.11％）

📊 税引前CF＝NOI 1,150万円－返済額700万円＝450万円

📑 物件4（1棟新築アパート「Z-MAISON」　新築　木造　2棟バルク）

物件価格 2.1億円

購入諸費用 800万円

家賃 1,530万円（表面利回り7.28％）

運営費・空室損・滞納損 330万円

NOI 1,200万円（FCR 5.50％）

【資金計画】

自己資金：2,800万円

融資：1.9億円（金利0.8％、期間35年、元利均等返済）

年間返済額：622万円（ローン定数K3.27％）

税引前CF＝NOI 1200万円－返済額622万円≒580万円

全物件の合計で、年間の税引前CF（キャッシュフロー）は、A様が目標としていた2,500万円に届きました。

全体税引前CF＝1,080万円＋390万円＋450万円＋580万円
　　　　　　　　＝2,500万円／年

A様の会社が投下した自己資金の合計は9,600万円、自己資金に対する税引前CFの利回りは26％です。

自己資金利回り＝税引前CF 2,500万円÷自己資金9,600万円
　　　　　　　　　＝26.04％

自己資金の範囲内で目標どおりのキャッシュフローを得ることができたA様は、大変ご満足されております。

そして、今後は次の目標である販管費の全額（5,000万円）を賄うため、継続的に収益物件を増やしていく方針です。

さらにA様は、「不動産以外にも新規事業を立ち上げたい」と意欲を燃やされています。

「安定収益源を確保することができたので、リスクの高い新規ビジネスにも臆せずに挑めるようになりました。リスクを取りながら積極的に事業投資をして、さらなる成長を目指したいと思っています」（A様）

このように、本業の成長を促す支えとなり、中長期的な視点に立って経営ができるようになることも、不動産投資の大きなメリットであると言えます。

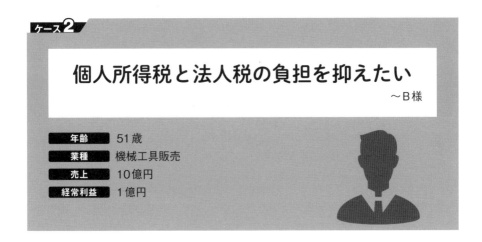

個人所得税と法人税の負担を抑えたい

〜B様

年齢	51歳
業種	機械工具販売
売上	10億円
経常利益	1億円

　B様は、父親が20年前に創業した機械工具販売会社を営む2代目のオーナー経営者です。

　「事業を承継した後、父親の代から続く取引先との関係は大切に保ちながら、インターネットを活用して新たな販路の拡大に取り組んだところ、おかげさまで業績が急拡大しました」（B様）

　現在では、売上が10億円の規模になり、B様は年間4,000万円の役員報酬を得ています。

B様の会社（機械工具販売業）　第20期
年商10億円、経常利益1億円、役員報酬4,000万円

　しかし、利益の急速な伸びとともに、法人税の納税負担が年々重くなっていることが悩みの種でした。

　「いまのところ事業は順調ですが、将来、何が起こるかはわかりません。稼いだ利益はなるべく内部留保として積み上げておくのが重要だということはわかっていますが、それによって納税額が年々大きくなるのはつらいところです」（B様）

　そこで、「何か税金対策のいい方法はないか？」と税理士に相談したところ、全損型の生命保険（64ページ参照）への加入を勧められました。

おかげで数年間は税の繰り延べ効果が得られましたが、2019年度の法改正によって全損型保険による節税策が使えなくなり、ほかの手段に切り替えざるを得なくなってしまいました。

　そのうえ、過去に加入した生命保険が返戻金のピークを迎え、今後数年間にわたって解約による利益が出てしまうので、その対策も同時に検討する必要がありました。

　B様は、これらの問題を一気に解決できないかと考え、知人の紹介を受けて当社にご相談にいらっしゃいました。

　B様と綿密に話し合いを重ねていく中で、見えてきたのは、以下のようなご要望でした。

➡B様のご要望

- 節税のため利益は圧縮したいが、内部留保の積み上げも必要なのでゼロにはしたくない。
- 自分や家族の将来のことを考え、役員報酬を多めに受け取っているが、それによって個人の所得税・住民税負担も重くなっている。会社だけでなく、個人としても税金対策をしたい。

　そこで、次のような目標を設定しました。

➡B様の目標

法人　経常利益を現状の1億円から3,000万円圧縮する

個人　課税所得を2,000万円圧縮する

（現在は役員報酬4,000万円に対し、課税所得は3,500万円）

　この目標を達成するためには、逆算すると、以下のような収益物件を取得する必要があります。

> **➡目標達成のためのポートフォリオ**
>
> 法人　節税用として総額2億円相当の物件
>
> 　　　※自己資金は物件価格の10%相当の2,000万円
>
> 個人　節税用として総額2億円相当の物件
>
> 　　　※自己資金は物件価格の10%相当の2,000万円

　実際に取得する物件は、法人は最短で償却できる築22年以上が経過した木造物件、個人用としては、5年以上保有することで得られる「総合課税方式」と「分離課税方式」の税率差（165ページ参照）を享受するため、木造・軽量鉄骨造で5年償却の物件を選ぶことにしました。

　個人のほうが節税効果は高く、所得の圧縮幅も大きくなることから、結果的に法人と個人のポートフォリオ総額は同じ規模となりました。

　取得した物件の概要は、以下のとおりです。

【法人】

　取得したのは、すべて当社が販売する節税特化型物件「Z-SAVE」です。

　単年当たり多額の減価償却費を計上しながら、家賃保証（サブリース）を利用することにより賃貸経営リスクを排除する戦略を取りました。

　1棟目のみ、物件の詳細を見てみましょう。

📑1棟中古リノベーション物件「Z-SAVE」（節約特化型）　築30年　木造

物件価格 7,000万円（土地2,100万円、建物4,900万円）

購入諸費用 250万円

家賃 600万円（表面利回り8.57%）

サブリース家賃 480万円

運営費 50万円

NOI 430万円（FCR 5.93%）

📚【資金計画】

自己資金：850万円

融資：6,400万円（金利2.0%、期間20年、元利均等返済）

年間返済額：388万円（ローン定数k6.07%）

税引前CF＝NOI 430万円－返済額388万円＝42万円

　税金対策に特化した設計となっているため、税引前CFはそれほど多く出ません。

　この物件は、空室や修繕負担、滞納の増加といった賃貸経営上のリスクを排除し、減価償却費を多額に計上することを目的としています。

　では、この物件の取得によって、どの程度の利益圧縮効果が得られたのでしょうか？

　課税所得を見てみましょう。

賃貸経営の会計上損金
支払利息　　△126万円（1年目）

減価償却費　△1,225万円

課税所得＝NOI 430万円－支払利息126万円－減価償却費1,225万円
　　　　＝△921万円

　注目していただきたいのは、この物件を取得するために投下した自己資金850万円に対して、課税所得が921万円も圧縮できる点です。

　これが2年目以降も4年間にわたって続くので、投下した自己資金を大幅に上回る課税所得圧縮効果が得られることになります。

　B様は、これと同規模の物件を追加で2棟購入し、結果として年間3,000万

円の課税圧縮効果を実現することができました。

これにより、本来納税すべきであった1年あたり約1,000万円分（課税所得▲3,000万円×法人税率33％÷1,000万円）が現金として法人に残る形となり、キャッシュポジションを数年にわたり高くすることが出来るようになりました。

【個人】

一方、B様は個人の税金対策も検討しておられましたので、同じように節税特化型物件「Z-SAVE」を提案しました。

基本的な考え方は法人の場合と同じですが、個人の場合は保有中は「総合課税方式」、売却時は「分離課税方式」が適用され、税率差が出るので、より大きな節税効果が得られます。

📑 1棟中古リノベーション物件「Z-SAVE」 築28年　軽量鉄骨造

物件価格 8,000万円（土地2,400万円、建物5,600万円）

購入諸費用 300万円

家賃 700万円（表面利回り8.75％）

サブリース家賃 560万円

運営費 60万円

NOI 500万円（FCR 6.02％）

🗄 【資金計画】

自己資金：800万円

融資：7,500万円（金利2.5％、期間25年、元利均等返済）

年間返済額：404万円（ローン定数K5.38％）

📊 税引前CF＝NOI 500万円－返済額404万円＝96万円

B様は、融資で個人向けアパートローンを利用し、返済期間を25年と長

めに取ることができたので、法人に比べて税引前CFが多く取れています。

　次に、税引後CFを見てみましょう。

賃貸経営の会計上損金
支払利息　△185万円（1年目）
減価償却費　△1,120万円

課税所得＝NOI 500万円－支払利息185万円－減価償却費1,120万円
＝△805万円

　B様の個人所得税・住民税の適用税率は50％ですので、以下のとおり、税金還付額は400万円となります。

税金還付額＝805万円×50％≒400万円

　そのため、税引後CFは496万円となりました。

税引後CF＝税引前CF 96万円＋税金還付額400万円＝496万円

　B様はこの後、個人名義で2年かけて総額2億円超の物件を取得し、1年当たりの課税所得を2,000万円以上圧縮しました。税金還付額も年1,000万円以上を得ることができています。

　法人だけでなく、個人でも当初の節税目標を達成することができました。

　B様は今後、法人については、業績を見ながら追加の物件購入を検討しつつ、状況によっては売却で益出しをしたり、減価償却期間が終了した物件は売却して新たな物件に組み替えたりと、臨機応変に対応していく計画です。

　個人としては、減価償却が続く5年間は物件を保有し、売却時の譲渡益にかかる税率が20％に下がる長期譲渡のタイミングで順次売却していく予定です。税率差を利用して利益を確定した後に、また新たな物件を購入するという戦略です。

　B様からは、「法人、個人ともに、状況を見ながら柔軟に戦略を見直し、

永続的に税金対策ができる仕組みをつくれた」と、感謝のお言葉をいただいております。

　また法人については、「収益不動産の活用で手元にキャッシュが残るようになったので、それを資金として、事業基盤をより強固にしていきたい」という、オーナー経営者としての力強いお言葉をうかがっております。

事業承継を見据えて
自社株評価対策をしたい

〜C様

年齢	70歳
業種	精密機械部品製造業
売上	30億円
経常利益	2億円

C様は、精密機械の部品を製造する会社のオーナー経営者です。

「仲間と一緒に町工場をつくり、技術力にこだわって質の高い精密機械を製造してきました。大変な時期もありましたが、精度のよさが認められて大企業からも指定で注文が来るようになり、現在も受注は好調です」(C様)

C様の家族構成と、会社の概要は以下のとおりです。

家族構成

C様(70歳)、奥様(53歳)、長男(42歳)

C様の会社(精密機械部品製造業)　第25期

売上30億円、経常利益2億円、自社株評価5億円

株主構成：C様80％、奥様20％

42歳になる長男は、ほかの会社で20代後半まで勤めた後、C様の会社に入社。たたき上げで仕事を学び、現在は専務として会社を支えています。

今年70歳になるC様は、「まだまだ技術者として現役で頑張るつもりですが、さすがにこの年になると、会社の将来のことを考えなければなりません。経営については、なるべく早めに息子に譲っておきたいと思うようになりま

した」と語ります。

しかし、25年にも及ぶC様の頑張りによって、会社の売上は30億円、経常利益は2億円まで拡大。資産も相当な額なので、自社株評価は5億円にも上ります。

そのうえ、利益は現在も伸び続けており、このままの増益ペースが続くと、自社株評価は毎年5,000万円ずつ上がっていくことがわかりました。

5億円でも大変なのに、この先、評価がますます上がってしまったら、長男は自社株を買うに買えなくなり、多額の贈与税で苦しませることになってしまいます。何とかならないかと顧問税理士に相談したところ、収益不動産を活用してはどうかと提案されたのです。

その顧問税理士の紹介で、C様は当社にご相談にいらっしゃいました。

お話をうかがったところ、C様は、好調な業績によって自社株評価がさらに上がる前に長男に株式を譲りたいと考えている一方で、会社の経営を安定させるため、長期的にストック収益が得られる仕組みを構築しておきたいという希望をお持ちであることがわかりました。

そこで当社は、C様の顧問税理士と相談のうえ、以下のような計画をつくってC様に提案しました。

➤C様への提案内容
①持株会社を設立して、事業会社を子会社化する
②持株会社で収益不動産を購入し、株価を下げる
③今後の経営権を一定期間保持するため、黄金株を1株発行する
④持株会社の株式のうち、黄金株以外を長男に生前贈与する
⑤時期を見て黄金株および事業会社の代表権を長男に渡す

それぞれの目的と効果について、順を追って見ていきましょう。

①持株会社を設立して、事業会社を子会社化する

持株会社を設立するのは、本業を行う従来の会社（以下、事業会社）のほかに、不動産を取得して賃貸経営を行う資産管理法人（152ページ参照）を設立し、子会社として傘下に置くためです。

C様の場合、事業会社のみを子会社化して、不動産投資は持株会社が直接行うことにしました。つまり、持株会社がそのまま資産管理法人になるわけです（【図5-1】参照）。

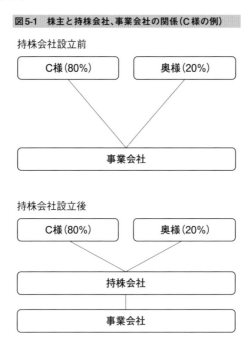

図5-1　株主と持株会社、事業会社の関係（C様の例）

事業会社の子会社化に当たっては、会社法で認められた株式移転により、追加融資や税負担なく、株式を持株会社に移転することができました。この時点における持株会社の賃借対照表は以下のとおりです（【図5-2】）。

図5-2　持株会社の貸借対照表

事業会社株式	50,000万円	純資産	50,000万円
計	50,000万円	計	50,000万円

②持株会社で収益不動産を購入し、株価を下げる

　持株会社の株価評価は純資産価額方式で行われます。C様の場合、当初の段階では、持株会社の資産は事業会社の株式のみですから、資産は5億円（事業会社の自社株評価）ということになります。

　当社は、この持株会社を通じて、総額で15億円（全5棟）の収益不動産を取得することをC様に提案しました。

収益不動産（5棟）合計の詳細
総額：15億円
　　土地5億円（相続税路線価7億円）
　　建物10億円（固定資産税評価額5億5,000万円）

　収益不動産であれば貸家建付地および貸家による評価減、さらに3事業年度以上保有することにより、土地は相続税路線価、建物は固定資産税評価額の適用による評価減が受けられます。

　C様の場合、すべての物件の評価額は以下のようになりました。

土地の評価減後の価額
路線価　7億円×（1－0.7×0.3）＝5億5,300万円

建物の評価減後の価額
固定資産税評価額　5億5,000万円×（1－0.3）＝3億8,500万円

　物件購入資金の15億円は金融機関からの融資で賄い、物件購入の諸費用5,000万円は事業会社から借り入れました。

　その結果、物件取得から3事業年度が経過後の持株会社の貸借対照表は【図5-3】のようになり、持株会社の株式評価（純資産）は3,800万円まで圧縮されました。

図5-3　持株会社の貸借対照表（不動産購入後）

事業会社株式	65,000万円	借入金	155,000万円
土地	55,300万円		
建物	38,500万円	純資産	3,800万円
計	158,800万円	計	158,800万円

　何もしなければ5億円のままだった自社株評価が、3,800万円まで9割以上も圧縮されたのですから、収益不動産の効果は絶大です。

　おかげでC様は、問題なく長男に自社株を承継することができるようになりました。

③今後の経営権を一定期間保持するため、黄金株を1株発行する

　C様は、長男に自社株を譲った後も、「健康なうちは、経営者として仕事を続けていきたい」と思っていました。

　また、事業承継では、一定の時間をかけて経営ノウハウや人脈、得意先・取引先などを後継者に引き継ぐことが重要であるため、株を贈与した後も一定の影響力を持つことを希望されていました。

　そこで、持株会社で「黄金株」（154ページ参照）を1株発行し、それをC様が持つことで、株主総会決議事項や取締役会決議事項で拒否権を発動できるようにしました（図5-4）。

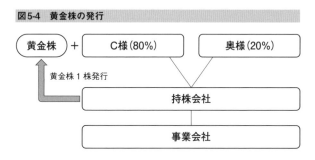

図5-4　黄金株の発行

④持株会社の株式のうち、黄金株以外を長男に生前贈与する

　C様は黄金株1株だけを取得し、C様と奥さんが持っていた残りすべての自社株を長男に贈与しました（図5-5）。

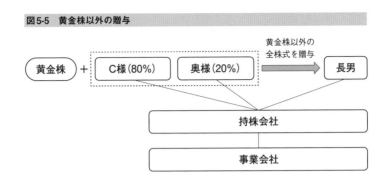

図5-5　黄金株以外の贈与

この株式贈与において、C様は相続時精算課税制度を利用しました。

通常の贈与では累進課税によって税率が高くなることや、本業で好調な業績が続き、事業会社や持株会社の株価が上がったとしても、この制度を利用すれば贈与時の株価で固定できることなどが理由です。

相続時精算課税制度の利用によって、長男が納める贈与税額は、最終的に以下のようになりました。

相続時精算課税制度の税額

（贈与額 − 2,500 万円）× 20%（一定）

　　C様の持株会社の持ち分株価＝3,040 万円
　　奥様の持株会社の持ち分株価＝760 万円
　　※奥様の分は 2,500 万円以下につき非課税

長男の贈与税納税額

（3,040 万円 − 2,500 万円）× 20% ＝ 108 万円

このように、少額の贈与税負担のみで自社株式を長男に渡すことができました。

⑤時期を見て黄金株および事業会社の代表権を長男に渡す

以上の手続きによって、ひとまず自社株の承継は完了しました。

しかし、C様は「株は譲っても、本当の意味での事業承継はこれからです。

息子が今後、自分で事業を継続・発展させられるようになるためには、まだまだ学んでもらわなければならないことが山ほどあります」と語ります。

やがてそれらの目途が立ったら、C様は自分が持っている黄金株を長男に贈与するか、持株会社に買い取らせることで、事業承継を完了させるつもりです（**図5-6**）。

C様は、「収益不動産を活用したおかげで、贈与税や相続税の不安がなくなり、息子への帝王学の伝承に注力できるようになった」と、大変よろこんでおられます。

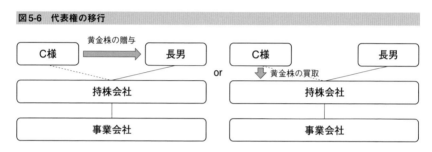

図5-6　代表権の移行

おわりに

　本書を最後までお読みいただき、本当にありがとうございました。

　収益不動産を上手に活用すれば、日本の中小企業が抱える「安定収益源の確保」「税対策」「事業承継」という3つの課題を抜本的に解決できることが、よくおわかりいただけたのではないかと思います。

　わたしが経営する大和財託株式会社は、これらの悩みを抱えておられるオーナー経営者の皆さまに、1棟収益不動産の活用を提案し、そのサポートをすることで、これまでに多くの課題を解決してきました。

　不動産投資と聞くと、1980年代後半の"バブル景気"時代に流行った投機的なものをイメージされる方もいらっしゃるかもしれません。

　しかし、本書の内容を読んでいただければわかるように、当社が提唱するのは、投機的な不動産投資ではなく、賃貸経営という事業を通じて、確実なキャッシュフローの確保と、法人および個人の税金対策を実現するものです。

　そもそも、わたしが当社を創業し、事業をする目的は、1人でも多くのオーナー経営者の方々の悩みを解決することです。

　当社は、以下の理念を掲げています。

　私たちは、資産運用の総合サービスを通じてお客様に経済的豊かさと人生に潤いを提供します。そして、私たちに関わる全ての人々が幸せになることで、地域社会ひいては日本国のさらなる発展に貢献することを私たちの使命とします。

　中小企業のオーナー経営者は、その事業活動を通じて多くの社員に雇用機会をもたらし、取引先やお客さまの経済的繁栄に貢献しておられます。

　そのように社会的に重要な役割を担っておられるオーナー経営者の悩みを解消し、中小企業が永続できる状態を実現することは、まさにわたしと当社

の企業理念の実現になるのです。

不動産投資を成功させるために重要なのは、信頼できるパートナーと一緒に取り組むことです。

当社は、ほかの一般的な事業者と違って、いきなり物件の紹介等をすることはいたしません。【お客様の「お金」の悩みを解決する】、ということを前提にご要望や状況をしっかりとうかがい、お悩みを解決していただくための最適なプランを提案します。

お客さまの要望や状況はさまざまですから、場合によっては、あえて収益不動産の活用をお勧めしないこともあります。その人、その会社にとって本当に必要と考えられる、有益なソリューションだけをお勧めしております。

また、当社はコンサルティングを行うだけでなく、資産運用会社として各地域の賃貸需要を把握しており、綿密な調査をもとに、収益力の高い物件や活用方法を提案する力も持っております。

ご購入いただいた物件については、その後も責任をもって管理運用し、お客さまの利益を最大化するプロパティマネジメント型の管理サービスを提供しております。

このように一気通貫でトータルソリューションを提供できるのが、当社の強みであると自負しております。本書の内容にご興味を持って、実際に収益不動産の活用を始めてみたいと思われた方は、ぜひお気軽に当社にご相談ください。

今回出版するにあたり、ダイヤモンド社の皆様には大変お世話になりました。また税務に関してはあいわ税理士法人の皆様のご指導を頂き本書を完成することが出来ました。誠にありがとうございます。また、当社を信頼しお取引いただいているお客様、当社の事業にご協力いただいている多くの取引先の皆様、企業理念の実現・日本にない事業の創造のために日々仕事を頑張ってくれている大和財託株式会社の社員の皆様に、この場を借りて感謝申し上げます。

本書を通じて、日本全国のオーナー経営者・中小企業のお悩み解決に貢献

できれば、それに勝る喜びはありません。

2020年5月 　　　　　　　　　　　　　　大和財託株式会社
代表取締役CEO
藤原正明

藤原正明（ふじわら まさあき）

大和財託株式会社　代表取締役CEO
https://yamatozaitaku.com/
昭和55年生まれ、岩手県出身。岩手大学工学部卒。
三井不動産レジデンシャル株式会社で分譲マンションの開発業務に携わり、その後関東圏の不動産会社にて収益不動産の売買仲介および賃貸管理の実務経験を積む。
平成25年に大和財託株式会社を設立。資産運用プラットフォーム事業を東京・大阪で展開。
中小企業経営者向けコンサルティングサービス「企業未来戦略」では、収益不動産をメインツールに、コンサルティングから物件提供、融資サポート、賃貸管理運営、売却までをワンストップにてサービス提供。全国の中小企業およびオーナー社長の経営上の悩み・お金の悩みを解決し、絶大な支持を得ている。

企業未来戦略HP：https://yamatozaitaku.com/kigyomirai/

監修：あいわ税理士法人

中小企業経営者こそ収益不動産に投資しなさい
会社と個人で「安定収益確保」「節税」「事業承継・相続対策」を実現する

2020年 5月13日　第1刷発行

著者　藤原正明
発行所：株式会社ダイヤモンド社
　　　　〒150-8409　東京都渋谷区神宮前6-12-17
　　　　http://www.diamond.co.jp
　　　　電話／03-5778-7235（編集）　03-5778-7240（販売）
執筆協力：渡辺賢一
装丁・本文デザイン：クニメディア株式会社
製作・進行：ダイヤモンド・グラフィック社
印刷：加藤文明社
製本：本間製本
編集担当：中鉢比呂也

本書は投資の参考となる情報の提供を目的としております。投資にあたっての意思決定、最終判断はご自身の責任でお願いいたします。本書の内容は2020年4月15日現在のものであり、予告なく変更されることもあります。また、本書の内容には正確を期する万全の努力をいたしましたが、万が一の誤り、脱落等がありましても、その責任は負いかねますのでご了承ください。